Albert Bouley Alfred Klink
Johann Lafer Harald Wohlfahrt

STERNEKÜCHE

★ ★ ★

Profi-Rezepte für zuhause

Kochseminar mit Andreas Doms

HÄDECKE

ISBN 3-7750-0234-0

Fotos: Bruno Hausch, Christine Noll, München
Redaktion: Monika Graff
Satz: K. Mierau GmbH, Solingen
Druck: Freiburger Graphische Betriebe, 1992
Printed in Germany.

Inhalt

Capellini-Nudeln mit Sauce "Albuféra"

Albert Bouley

Es gibt zwei "Küchenbibeln" auf dieser Welt; beide - wie könnte es anders sein - aus Frankreich. Die eine Bibel heißt "Larousse" und ist eine Art Brockhaus für Rezepte und Küchengeschichte, die andere Bibel hat der französische Küchenmeister Escoffier geschrieben. Sie war als praktisches Handbuch und Nachschlagewerk für Köche gedacht. Beide Bücher sind vor der Jahrhundertwende verfaßt worden und heute noch auf dem Markt (für horrend viel Geld manchmal auch noch als historische Original-Ausgaben in Antiquariaten zu finden). Beide Bücher besitzen auch heute noch Gültigkeit, was Rezepte und Zubereitungsformen anbetrifft. Kein Wunder, daß fast alle großen Köche dieser Welt diese Bücher als Nachschlagewerk im Küchenregal stehen haben. Albert Bouley hat sich bei der Sauce "Albuféra" mit Rinderzunge von großen Kollegen inspirieren lassen, und die wiederum haben sie nach einem klassischen Rezept aus dem "Larousse" kreiert und abgewandelt. Bei den Nudeln hat sich der Küchenchef aus Ravensburg für italienische Capellini (übersetzt: Haare) entschieden, weil diese feinen Nudeln sehr viel von der köstlichen Sauce aufnehmen können. Capellini gibt es in verschiedenen Stärken. Kaufen Sie Capellini Nummer 1, das sind die dünnsten. Aber Vorsicht: Diese Nudeln werden blitzschnell gar! Beim Kochen muß man also am Herd stehenbleiben und ständig den Garzustand der Nudeln überprüfen.

Für 4 Personen

Zutaten Sauce:

400 g ungepökelte Rinderzunge, gekocht
1 Schalotte
1 Knoblauchzehe
1 nußgroßes Stück Butter
1 dl Bratensauce oder Rinderfond
4 schwarze Oliven
etwas Thymian, Rosmarin und Oregano

Zutaten Nudeln:

200 g Capellini-Nudeln Nr. 1
etwas Öl
etwas Butter, Salz

Zubereitung Sauce:

Von der abgezogenen Rinderzunge schneiden Sie einige feine Scheiben ab, den Rest würfeln Sie mit einem scharfen Messer sehr fein. Die Würfel geben Sie mit einer feingehackten Schalotte und dem Knoblauch zusammen mit einem nußgroßen Stück Butter in eine große Pfanne und schwenken das Ganze kräftig durch. Danach mit Bratensauce - eventuell auch mit fertigem Rinderfond aus dem Glas oder einer entsprechenden Menge Rindfleischpaste, in heißem Wasser aufgelöst - ablöschen. Je nach Geschmack mit einem Schluck Rotwein verfeinern. Die entsteinten und feingewürfelten Oliven und die Gewürze dazugeben und die Sauce auf gewünschte Konsistenz einkochen lassen.

Zubereitung Nudeln:

In einen Topf mit Salzwasser einen Schuß Olivenöl geben und die Nudeln in ca. 2 Minuten bißfest garen, abschütten, kurz in Butter schwenken. Die Albuférasauce in einer vorgewärmten Schüssel mit den Nudeln gut vermischen und mit einem Kerbelsträußchen garnieren.
Zu den Nudeln die erwärmten Rinderzungenscheiben servieren.

Weinempfehlung:

Isteiner Kirchberg, Spätburgunder.

Inhalt

STERN-SCHNUPPERN

Der Südwesten Deutschlands ist das kulinarische Bermuda-Dreieck der Republik. Hier, in der Grenznähe zur Schweiz und zum Elsaß, sind die unterschiedlichen Einflüsse der nationalen Küchen eine wunderbare Liaison eingegangen und bei Zutaten wie Butter und Sahne waren sich hier sowieso immer alle einig. Durch die Nähe zu Frankreich haben die Köche der Spitzengastronomie - aber auch jede Hausfrau - Zugriff zu den besten Rohprodukten Europas. Fisch vom Atlantik kommt beispielsweise schon am nächsten Tag in den Topf oder in die Pfanne. Die Kühlcontainer aus der Bresse fahren das Geflügel noch am Schlachttag zu den Großmärkten. Der frische Wildlachs aus Schottland erreicht Straßburg, Baden-Baden oder Freiburg spätestens 24 Stunden nach dem Petriheil auf den Highlands. Und frische Flußfische, Wild, Fleisch, Obst und Gemüse aus dem Südwesten Deutschlands und aus dem Elsaß decken den Rest der üppigen, saisonal-frischen Tafel. Kein Wunder also, daß gerade in dieser Region die meisten hochdekorierten Restaurants und die experimentierfreudigsten Küchenchefs zu finden sind. Die einschlägigen Restaurantführer widmen dieser Gegend jeweils einen Extra-Kartenausschnitt.

Wie lautet ein Sprichwort? "Ein Land ohne Wein hat keine große Küche." Baden-Württemberg und Rheinland-Pfalz sind die größten bundesdeutschen Weinproduzenten mit einer außergewöhnlichen Sorten- und Qualitätsvielfalt. Deswegen spielt Wein in der Küche und beim Essen eine Hauptrolle. Die Weinempfehlungen in diesem Buch zeigen einen Querschnitt durch das Weinland Baden.

Wenn man die herrlichen Gerichte auf den Tellern sieht und kostet, bekommt man Lust, einen Blick hinter die Kulissen zu werfen, dort, wo's klappert, brutzelt und köchelt; Lust darauf, auch mal zuhause so zu kochen! Und so entstand 1992 die Serie "Drei-Sterne-Küche für zuhause" für die Sendung "Gute Laune aus Südwest" im 1. Hörfunkprogramm des SÜDWESTFUNKS. Vier der besten Köche aus dem Südwesten ließen sich beim Kochen über die Schulter schauen und gaben ihre Rezepte preis. Rezepte, die sich zuhause - Grundkenntnisse im Kochen vorausgesetzt - ohne jede Küchen-Akrobatik nachkochen lassen. Schon nach wenigen Folgen etablierte sich die Serie - immer samstags zwischen 10 und 11 Uhr - und wurde zum "Muß" für notorische Topfgucker. Und weil die Redaktion viele tausend Zuschriften und Rezeptanfragen bekam, ist dieses Buch entstanden: Sterneküche für Hausfrauen, Hobbyköche, aber auch äußerst appetitanregend für Profis.

Alle Rezepte sind auf die zwölf Monate des Jahres abgestimmt, deshalb sind alle Zutaten frisch auf dem Markt oder im Feinkostgeschäft zu kaufen. Jedes Rezept läßt sich in einer normal ausgestatteten Küche verwirklichen - ob es nun ein Pfifferlingsknödel oder eine Trüffelsauce ist.

Sterneküche für daheim - Kreativität, die man schmecken kann.

JANUAR

CAPELLINI-NUDELN MIT SAUCE "ALBUFÉRA"

Albert Bouley

Es gibt zwei "Küchenbibeln" auf dieser Welt; beide - wie könnte es anders sein - aus Frankreich. Die eine Bibel heißt "Larousse" und ist eine Art Brockhaus für Rezepte und Küchengeschichte, die andere Bibel hat der französische Küchenmeister Escoffier geschrieben. Sie war als praktisches Handbuch und Nachschlagewerk für Köche gedacht. Beide Bücher sind vor der Jahrhundertwende verfaßt worden und heute noch auf dem Markt (für horrend viel Geld manchmal auch noch als historische Original-Ausgaben in Antiquariaten zu finden). Beide Bücher besitzen auch heute noch Gültigkeit, was Rezepte und Zubereitungsformen anbetrifft. Kein Wunder, daß fast alle großen Köche dieser Welt diese Bücher als Nachschlagewerk im Küchenregal stehen haben. Albert Bouley hat sich bei der Sauce "Albuféra" mit Rinderzunge von großen Kollegen inspirieren lassen, und die wiederum haben sie nach einem klassischen Rezept aus dem "Larousse" kreiert und abgewandelt. Bei den Nudeln hat sich der Küchenchef aus Ravensburg für italienische Capellini (übersetzt: Haare) entschieden, weil diese feinen Nudeln sehr viel von der köstlichen Sauce aufnehmen können. Capellini gibt es in verschiedenen Stärken. Kaufen Sie Capellini Nummer 1, das sind die dünnsten. Aber Vorsicht: Diese Nudeln werden blitzschnell gar! Beim Kochen muß man also am Herd stehenbleiben und ständig den Garzustand der Nudeln überprüfen.

Für 4 Personen

Zutaten Sauce:

400 g ungepökelte Rinderzunge, gekocht
1 Schalotte
1 Knoblauchzehe
1 nußgroßes Stück Butter
1 dl Bratensauce oder Rinderfond
4 schwarze Oliven
etwas Thymian, Rosmarin und Oregano

Zutaten Nudeln:

200 g Capellini-Nudeln Nr. 1
etwas Öl
etwas Butter, Salz

Zubereitung Sauce:

Von der abgezogenen Rinderzunge schneiden Sie einige feine Scheiben ab, den Rest würfeln Sie mit einem scharfen Messer sehr fein. Die Würfel geben Sie mit einer feingehackten Schalotte und dem Knoblauch zusammen mit einem nußgroßen Stück Butter in eine große Pfanne und schwenken das Ganze kräftig durch. Danach mit Bratensauce - eventuell auch mit fertigem Rinderfond aus dem Glas oder einer entsprechenden Menge Rindfleischpaste, in heißem Wasser aufgelöst - ablöschen. Je nach Geschmack mit einem Schluck Rotwein verfeinern. Die entsteinten und feingewürfelten Oliven und die Gewürze dazugeben und die Sauce auf gewünschte Konsistenz einkochen lassen.

Zubereitung Nudeln:

In einen Topf mit Salzwasser einen Schuß Olivenöl geben und die Nudeln in ca. 2 Minuten bißfest garen, abschütten, kurz in Butter schwenken. Die Albuférasauce in einer vorgewärmten Schüssel mit den Nudeln gut vermischen und mit einem Kerbelsträußchen garnieren.
Zu den Nudeln die erwärmten Rinderzungenscheiben servieren.

Weinempfehlung:

Isteiner Kirchberg, Spätburgunder.

Geschmortes Fenchelgemüse mit Lammkoteletts

Alfred Klink

Fenchel wird in der großen Küche wegen seines zarten Anisaromas geschätzt. Dieses Gemüse findet man häufig roh in Salaten, aber die richtige geschmackliche Entfaltung erfährt Fenchel meist erst dann, wenn er geschmort oder gedünstet wird. Die Italiener servieren Fenchel oft mit einer sämigen Tomatensauce, bisweilen auch mit einer üppigen Sahnesauce und mit geriebenem Käse überbacken. Das Fenchelgemüse von Alfred Klink kann auch als vegetarisches Hauptgericht zubereitet werden. Dann muß man eine kleine Fenchelknolle pro Person rechnen und die übrigen Zutatenmengen entsprechend hochrechnen.

Die Lammkoteletts mit Kartoffelrösti kann man als Anlaß nehmen, zu experimentieren und Erfahrungen zu sammeln. Probieren Sie vorher doch mal in einer kleinen Pfanne eine Rösti aus! Sie werden feststellen, daß bei zu viel Hitze die Rösti zu schnell braun wird, bei zu wenig Hitze wird sie weich und bleibt ziemlich hell. Außerdem müssen es mehligkochende Kartoffeln sein, die Sie zur Julienne verarbeiten. Diese Kartoffelsorte sorgt dafür, daß die einzelnen Stäbchen beim Garen aneinander festkleben - und genau das ist gewünscht. Man kann da mit dem sanften Druck eines flachen Pfannenhebers ein wenig nachhelfen. Nachher die Rösti auf Küchenkrepp legen, damit das überschüssige Fett aufgesaugt wird.

Für 4 Personen

Zutaten Fenchelgemüse:

2 kleine Fenchelknollen
1 dl Geflügelfond
1 cl Noilly Prat
2-3 Tropfen Pernod
20 g Tomatenwürfel

Zutaten Lammkoteletts:

4 große, mehlig kochende Kartoffeln
8 Lammkoteletts à 80 g
Olivenöl zum Braten
Salz und frisch gemahlener Pfeffer

Zubereitung Fenchelgemüse:

Die geputzten Fenchelknollen in zwei mm-dicke Scheiben schneiden. Das Fenchelgrün aufbewahren. Die Scheiben würzen und mehlieren, in einer Pfanne leicht anbraten. Geflügelbrühe und Alkoholika angießen und langsam einkochen lassen. Mit Salz und Pfeffer würzen, zuletzt das Fenchelgrün und Tomatenwürfel unterziehen.

Zubereitung Lammkoteletts:

Die Kartoffeln schälen und in sehr dünne Scheiben schneiden (das geht am besten mit einer Gurkenreibe), anschließend die Scheiben in dünne Stifte schneiden. Die Kartoffelstifte sollten nicht mehr als Streichholzdicke haben, wenn möglich, noch dünner. Die Kartoffelstifte in eine Schale mit Wasser geben - so halten sich auch Reste im Kühlschrank noch ein bis zwei Tage.

Die vorbereiteten Lammkoteletts mit Salz und frischem, schwarzen Pfeffer aus der Mühle würzen, etwa eine Handvoll Kartoffelstifte pro Kotelett mit Küchenkrepp sehr gut trocknen und davon eine etwa halbfingerdicke Schicht auf eine Seite des Fleisches auftragen und leicht andrücken. Olivenöl in der Pfanne erhitzen, dann die Lammkoteletts mit der Röstiseite ins heiße Öl geben und so lange braten, bis die Kartoffelstifte eine schöne, goldbraune Farbe haben. Die Koteletts mit einem Pfannenheber vorsichtig lösen, umdrehen und von der anderen Seite noch etwa 2 bis 3 Minuten braten. Zusammen mit dem geschmorten Fenchelgemüse anrichten.

Weinempfehlung:

Grauer Burgunder, Spätlese, trocken oder Kerner Spätlese, trocken.

Geschmorter Chicorée

Harald Wohlfahrt

Bisweilen liegt in der Beschränkung auf wenige Zutaten das Geheimnis eines überaus schmackhaften Gerichtes. Oft hat man ja auch das Gefühl, daß der ganze Firlefanz auf dem Teller in manchen Häusern schon zum Selbstzweck geworden ist. Was hat denn - bitteschön - eine Orangenscheibe mit einem Klecks Preiselbeer-Marmelade neben einem Wiener Schnitzel zu suchen? Ikebana auf dem Teller - nein danke! Ein Grundsatz der vernünftigen Schlichtheit in der Küche lautet: Weniger ist manchmal mehr. Und eben genauso schlicht, aber außerordentlich schmackhaft, ist das Chicorée-Gemüse, das Harald Wohlfahrt zubereitet. Chicorée ist ein klassisches Wintergemüse und macht wenig Arbeit. Es eignet sich entweder als vegetarisches Hauptgericht, oder es kann als Beilage zu Kalbfleisch und Geflügel serviert werden. Harald Wohlfahrt empfiehlt dann kleine, kurz in Butter gebratene Kalbsschnitzel oder Steaks vom Kalbsrücken - ganz naturell, ohne Sauce. Es passen auch Poulardenbrüste dazu, die man nach dem Garen in nicht zu dicke Scheiben aufschneidet und zu dem Gemüse auf den Teller gibt. Zu dem mildwürzigen Geschmack des Chicorée-Gemüses ist das eine sehr harmonische Ergänzung.

Für 2 Personen (Hauptgericht)
Für 4 Personen (Beilage)
Hierzu brauchen Sie feste, schöne Chicoréestangen - die besten kommen aus Belgien. Die Zubereitung gelingt am besten in einer mittelgroßen feuerfesten Glasform, weil die Hitzeleitung von Glas gleichzeitig direkt und sanft ist.

Zutaten:

4 mittelgroße Chicoréestangen
30 g Möhre
30 g Stangensellerie
1 kleine Zwiebel (ca. 50g)
1 Knoblauchzehe
3 Wacholderbeeren
50 g Schinkenfett
50 g Butter
1 Gewürznelke
1 kleiner Thymianzweig
Salz, Pfeffer
1 Prise Zucker
1/4 l Geflügelbrühe
etwas Zitronensaft

Vorbereitung:

Chicorée waschen, die Spitzen abschneiden und den Wurzelansatz sauber schaben. Die früher empfohlene Maßnahme, aus der Mitte einen Kegel herauszuschneiden, um Bitterkeit zu vermeiden, ist heute nicht mehr sinnvoll. Die exzessive Bitterkeit dieses Kerns ist einerseits weggezüchtet worden, andererseits ist eine zarte Bitterkeit ja erwünscht.
Möhre schälen, waschen und in Scheiben schneiden, ebenso den Sellerie. Zwiebel in Streifen schneiden. Knoblauchzehe nicht schälen, jedoch etwas quetschen. Die Wacholderbeeren ein wenig andrücken, damit sie ihr Aroma abgeben können. Das Schinkenfett in kleine Würfel schneiden oder hacken.

Zubereitung:

Schinkenfett in der Glasform zerlaufen lassen, die Butter zufügen und hell aufschäumen lassen. Sämtliche kleingeschnittenen Gemüse und die Aromaten zugeben und vermischen. Kurz anschwitzen.
Auf dieses Gemüsebett die Chicoréestangen legen, etwas Brühe angießen und ein wenig Zitronensaft über die Chicoréestangen träufeln. Den Deckel auflegen und den Chicorée im auf 180 Grad C vorgeheizten Ofen in etwa einer Stunde langsam gar schmoren. Wenn notwendig, noch etwas Brühe nachgießen.

Anmerkung:

Man kann den Chicorée in seinem Sud servieren oder die Stangen herausheben, abtropfen lassen und zusätzlich in Butter braun braten.

Weinempfehlung:

Trockener Sylvaner vom Kaiserstuhl.

Wirsingroulade mit Tomatensauce

Johann Lafer

Wirsing ist ein klassisches Herbst- und Wintergemüse. Dieser Kohl hat mehrere Vorteile: Er ist leichter verdaulich als viele andere Kohlsorten, er läßt sich braten, dünsten und kochen. Und: Wirsing läßt sich sowohl mit Fleisch, Wild, Geflügel als auch mit Fisch kombinieren. Manche Köche schmoren Wirsing mit Mandeln in Gemüsefond und geben ihn zum Rehbraten, andere rollen Geflügel in blanchierte Wirsingblätter, wieder andere setzen ein Stück Zanderfilet auf ein Bett aus Wirsing, der mit Schalotten in Weißwein gedämpft wurde. Das appetitlich grüne Gemüse gewinnt also jede Vielseitigkeitsprüfung in der Küche, ist preiswert und auf jedem Wochenmarkt frisch zu kaufen. Beim Rezept von Johann Lafer ist der Wirsing allerdings nicht zur Beilage degradiert, sondern spielt die Hauptrolle.

Für 10 Personen

Zutaten Wirsingroulade:

1 Wirsingkopf (mittel)
Für die Füllung:
200 ml Milch
2 trockene Brötchen, Kruste abgerieben
1 große, geschälte Zwiebel
1 Knoblauchzehe
1/4 Bd. Petersilie
3 EL Pflanzenöl
400 g Rindfleisch, ohne Haut und Sehnen
50 g Pinienkerne
2 Eier
Salz, Pfeffer, Majoran

Zutaten Sauce:

5 EL Olivenöl
2 kleinwürfelig geschnittene Zwiebeln
5 frische Tomaten (ohne Kerne) in Würfeln
2 Thymianzweige
1 kl. Knoblauchzehe, zerdrückt
100 g gekochter Schinken
1 gr. Dose geschälte Tomaten
Salz und Pfeffer
200 g in Salzwasser gekochte Kartoffeln, in kleine Würfel geschnitten
1 EL gehackte Petersilie

Zubereitung Wirsingrouladen:

Die Blätter vom Strunk lösen, gut waschen und dann im kochendem Salzwasser kurz blanchieren.
In eiskaltem Wasser abschrecken.
Milch heiß werden lassen und die gewürfelten Brötchen darin einweichen. Zwiebeln schälen und in feine Streifen schneiden. Knoblauch pellen und fein hacken. Petersilie waschen und grob zusammenschneiden. Zwiebelstreifen, Knoblauch und Petersilie in heißem Pflanzenöl goldgelb anrösten. Auskühlen lassen.
Rindfleisch zusammen mit den eingeweichten Brötchen und der Zwiebel-Knoblauch-Petersilienmasse durch die mittlere Scheibe des Fleischwolfs drehen.
Pinienkerne in einer Pfanne ohne Fett rösten und zu der Fleischmasse geben, Eier darunter mengen. Mit Salz, Pfeffer und Majoran abschmecken.
Die Wirsingblätter nun auf einem Küchentuch abtropfen lassen. Die schönen Blätter ausbreiten, die dicken Blattrippen entfernen und auf den 10 schönsten Blättern die Fleischmasse verteilen.
Gut zusammenrollen und mit Küchengarn binden.
Olivenöl im Bräter heiß werden lassen und die Wirsingrouladen rundum darin langsam goldgelb anbraten. Wieder herausnehmen.

Zubereitung Sauce:

Zwiebel- und Tomatenwürfel, Thymianzweige und Knoblauch in den Bräter geben und alles gut anschmoren.
Gekochten Schinken in Würfel schneiden, mit den geschälten Tomaten beigeben, einmal kurz aufkochen lassen, mit Salz und Pfeffer würzen. Die

Bitte umblättern

Rouladen wieder in den Bräter legen und für ca. 15 Minuten in den 200 Grad C heißen Backofen schieben. Die Rouladen dann herausholen, Küchengarn entfernen, Sauce noch ein wenig einkochen lassen und nochmals abschmecken.
Die gekochten Kartoffelwürfel als Einlage in die Sauce geben und die gehackte Petersilie darüberstreuen.

Weinempfehlung:
Ein kräftiger Gutedel aus dem Markgräflerland.

FEBRUAR

Jakobsmuscheln mit Basilikum-Spinat

Albert Bouley

Coquilles St. Jacques heißen die Jakobsmuscheln in Frankreich und gelten dort mit als das Feinste, was das Meer an Schalentieren zu bieten hat. Den größten Fehler kann man bei diesem Rezept eigentlich nur beim Einkauf machen, deshalb ein paar Tips: Kaufen Sie die Muscheln tagesfrisch oder bestellen Sie sie extra für einen bestimmten Tag. Da das Aufhebeln von Jakobsmuscheln im Gegensatz zu Austern recht unproblematisch ist: Beim Kauf geschlossene Muscheln bevorzugen! Viele Fischgeschäfte bieten ausgelöstes Fleisch von Jakobsmuscheln an. Die Muscheln werden meist unter Heißdampf geöffnet und das kann die Qualität beeinträchtigen. Falls sie ausgelöstes Muschelfleisch kaufen, muß es tadellos weiß sein und ganz frisch und appetitlich duften. Schneiden Sie kleine Häutchen und den Muskelansatz vor dem Garen weg. Wenn Sie noch nie Jakobsmuscheln bei sich daheim in der Pfanne hatten, nehmen Sie eine Muschel als Testkandidatin und probieren an ihr vorweg mal die Garzeit aus. Sie werden feststellen: Eine Sache von wenigen Minuten. Das Eiweiß soll insgesamt nur gut abgebunden haben, dann aber sofort raus aus der Pfanne und warmstellen! Das ist das ganze Geheimnis. Der helle bis rosafarbene Corail, der am weißen Muschelfleisch hängt und der Jakobsmuschel zur Fortpflanzung dient, ist Geschmacksache. Wenn man ihn nicht verzehren will, kann man ihn pürieren und in die Sauce rühren - das gibt ein tolles Aroma.

Für 4 Personen (Vorspeise)

Zutaten Gemüse:

1 Schalotte
1 Knoblauchzehe
1 Bd. Basilikum
600 g frischer Spinat
etwas Butter
Salz, Zitronensaft

Zutaten Jakobsmuscheln:

400 g Jakobsmuscheln (ausgelöstes Muschelfleisch)
2 EL Crème fraîche
frisch gemahlener Pfeffer
eiskalte Butterflöckchen
1 Bd. Schnittlauch

Zubereitung Gemüse:

Schalotte und Knoblauch ganz fein hacken. Die Basilikumblätter waschen, trocknen und in feine Streifen schneiden. Den Spinat putzen, alle Stiele entfernen - sie schmecken bitter. Das Gemüse in sprudelndem Salzwasser blanchieren, bis die Blätter des Spinats zusammenfallen. Das passiert in wenigen Sekunden. Den Spinat mit einem Schaumlöffel ausheben und kurz abtropfen lassen. Die halbe, gehackte Schalotte und Knoblauch in der Pfanne kurz in Butter anschwenken, sofort den Spinat dazugeben, mit Salz und Zitronensaft abschmecken - zuletzt die Basilikum-Streifen unterheben.

Zubereitung Jakobsmuscheln:

Die zweite Hälfte der gehackten Schalotte in Butter anschwenken und die ausgelösten, gesäuberten Jakobsmuscheln dazugeben. Auf jeder Seite etwa zwei Minuten bei mittlerer Hitze dünsten, dann die Crème fraîche dazugeben und die Muscheln nur noch ganz sanft köcheln lassen (Jakobsmuscheln haben extrem kurze Garzeiten, weil das Eiweiß sehr schnell abbindet). Dann die Muscheln aus der Pfanne heben, warmstellen, den Fond passieren, zurück in die Pfanne geben und leicht einkochen lassen. Mit Salz und Pfeffer abschmecken. Die Sauce im Mixer oder mit dem Zauberstab aufmixen, dabei eventuell zur Bindung noch ein paar eiskalte Butterflöckchen dazugeben. Den feingeschnittenen Schnittlauch in die Sauce geben. Den Basilikum-Spinat nochmal ganz kurz in der Pfanne warmschwenken, auf Tellern anrichten, die Muscheln dazulegen und mit der Sauce nappieren. Eventuell mit ein paar Basilikumblättchen garnieren.

Weinempfehlung:

Michelsfelder Himmelberg, Grauer Burgunder.

Räucherlachs und Lachstatar im Rösti mit Salaten

Johann Lafer

Die Kombination von Kartoffeln und Fisch ist ein echter Klassiker. Ob Hering mit Pellkartoffeln in Norddeutschland, Salzkartoffeln mit Kaviar und Sauerrahm in Rußland, - der Kartoffelgeschmack harmoniert mit allem, was Flossen und Schuppen hat. Johann Lafer kombiniert Räucherlachs mit einer Art Schweizer Rösti. Diese Rösti kann man zwar heute auch fast überall tiefgefroren fertig kaufen, aber mit nur ein klein wenig Mehraufwand sind sie auch zuhause frisch hergestellt. Probieren Sie es aus, es ist ganz einfach und schmeckt fantastisch.

Für 4 Personen

Zutaten Rösti:

400 g Kartoffeln
8-10 EL Öl
Salz, Pfeffer a.d. Mühle

Zutaten Lachstatar:

200 g frisches Lachsfilet ohne Haut und Gräten
1 feingeschnittene Schalotte
1/2 TL Koriander, gemahlen
1 TL Dill, gehackt
4 EL Olivenöl
Salz, Pfeffer a.d. Mühle
Saft einer halben Zitrone
8 Scheiben Räucherlachs

Zutaten Salat:

100 g verschiedene Salate
ca. 4 EL Walnußöl
ca. 3 EL Balsamicoessig
Salz und Pfeffer a.d. Mühle
1 Prise Zucker

Zutaten Dillcreme:

3 EL Crème fraîche
Saft einer halben Zitrone
1 EL gehackter Dill
2 EL Milch
Salz und Pfeffer a.d. Mühle
frische Dillsträußchen
evtl. etwas Kaviar

Zubereitung Rösti:

Kartoffeln waschen und schälen. In dünne Scheiben schneiden, dann in streichholzdicke Stifte.
Öl in 4 kleinen Pfannen verteilen und im heißen Öl die Kartoffelstäbchen flachdrücken. Von beiden Seiten goldgelb braten. Mit Salz und Pfeffer würzen.

Zubereitung Lachstatar:

Lachsfilet in ganz feine Würfel schneiden, in eine Schüssel geben, die restlichen Zutaten beigeben, gut vermengen und mit Salz, Pfeffer und Zitronensaft abschmecken.
Die Rösti aus der Pfanne nehmen und flach, zum Abtropfen, auf Küchenpapier legen. Mit dem Papier wieder zurück in die Pfanne legen.
Je zwei Scheiben Räucherlachs auf den Rösti ausbreiten und darauf das Lachstatar verteilen. Die 4 Pfannen mit Inhalt nochmals kurz auf der Herdplatte erhitzen, da Rösti sich in kaltem Zustand nicht biegen lassen. Die Rösti nun vorsichtig zusammenrollen und aus jeder Rolle zwei Teile schneiden.

Zubereitung Salate:

Salate putzen und waschen. Mit Walnußöl und Balsamicoessig, Salz, Pfeffer und Zucker marinieren und dekorativ zu den Rösti auf Tellern anrichten.

Zubereitung Dillcreme:

Alle Zutaten in eine Schüssel geben und gut glatt rühren. Auf je eine Röstihälfte einen Teelöffel Dillcreme geben. Mit frischem Dill und eventuell etwas Kaviar garnieren.

Weinempfehlung:

Weißer Burgunder oder Grauer Burgunder, Spätlese, trocken.

Salat von Waldpilzen mit gebratenen Wachtelbrüstchen

Harald Wohlfahrt

Consommé ist die französische Bezeichnung für Kraftbrühe. Diese Consommé kann aus Kalb, Rind, Geflügel oder Wild hergestellt werden. Als Glace bezeichnet man eine Consommé, die soweit reduziert (eingekocht) ist, daß im Topf die Flüssigkeit eine sirupartige Konsistenz hat und - wenn man sie in den Kühlschrank stellt - fest wird wie Pudding. Beides läßt sich mit einigem Aufwand auch zu Hause selbst herstellen. Es werden heute auch Fertig-Fonds und Geflügelpasten angeboten, die sich ersatzweise verwenden lassen. Am besten ist es, wenn man alle paar Wochen oder Monate zu Hause eine gute Brühe oder verschiedene Fonds kocht und diese portionsweise einfriert. Das ist die preiswerteste Methode.

Für 12 Personen

Zutaten Salat:

6 Köpfe Lollo Rosso
2 Köpfe Frisée (Krause Endivie)
Feldsalatröschen
600 g Chanterelles (Trompetenpfifferlinge), ersatzweise Steinchampignons - allerdings geschmacklich nicht zu vergleichen

Zutaten Wachtelbrüstchen/Keulchen:

6 ganze Wachteln
80 g Gänseleber
Pastetengewürzmischung
1 cl Portwein
1 cl Madeira
geklärte Butter zum Braten

Zutaten Vinaigrette:

Traubenkernöl, Walnußöl (wenig)
Balsamicoessig
etwas Consommé
Salz und frischgemahlener Pfeffer
Zum Nappieren:
1/4 l Trüffelglace (fertig gekauft)

Zubereitung:

Die Salate waschen, putzen und gut trockenschleudern.
Die Pilze putzen, mit einem Tuch säubern und in Butter leicht anbraten.
Wachtelkeulchen von der Wachtel abtrennen, Schenkelknochen auslösen. Die Gänseleber putzen, mit Pastetengewürzmischung und Pfeffer würzen, mit Portwein und Madeira ca. 1 Stunde marinieren.
Wachtelkeulchen mit der Leber füllen, in Alufolie einwickeln und im Wasserbad bei 80 Grad 12 Minuten garen und dann erkalten lassen.
Die Wachtelbrüstchen auf der Karkasse (Knochenseite) anbraten, ruhen lassen und dann den Brustknochen auslösen.
Die vorbereiteten gefüllten Keulchen erwärmen.
Die Vinaigrette zubereiten - sie muß eine bindende Konsistenz haben.
Die verschiedenen Salate mit den Pilzen auf Tellern anrichten und mit Vinaigrette beträufeln.
Von den Wachtelbrüstchen die Haut abziehen, die Brüstchen kurz in Butter erwärmen und zusammen mit den Keulchen auf dem Salatbett anrichten. Mit Trüffelglace nappieren.

Weinempfehlung:

Weißburgunder, trocken.

Glasierte Entenbrust mit Kartoffelwaffeln

Alfred Klink

Die Kartoffel, Grundnahrungsmittel Nummer 1 in der Bundesrepublik. Es gibt Kochbücher, die sich ausschließlich und sehr sachkundig mit der Kartoffel auseinandersetzen, ihren hohen Nährwert beschreiben und - das ist besonders wichtig - zig Methoden beschreiben, wie man aus den Nachtschattengewächsen ein wunderbares Gericht zaubern kann. Aber wenn man sich die Millionen von Tellern ansieht, die voll mit matschig verkochten Erdäpfeln täglich über bundesdeutsche Gasthaustresen gereicht werden, kann einem schon anders werden. Man sollte die Kartoffel einfach öfter mal rausholen aus ihrem schlichten Beilagendasein als Salz-, Brat- oder Pellkartoffel. Sie hat es verdient und belohnt denjenigen, der sich Arbeit mit ihr macht, mit einem wunderbaren Geschmackserlebnis. Das Rezept von Alfred Klink ist schlicht, schnell gemacht und schmeckt einfach toll.

Für 4 Personen

Zutaten Entenbrüste:

2 Barberie-Entenbrüste
0,5 l Entenfond (hergestellt aus Entenkarkasse und Gemüsen)
ersatzweise 0,5 l Geflügelfond aus dem Glas
Salz und Pfeffer
geklärte Butter zum Braten

Zutaten Kartoffelwaffeln:

250 g mehlig kochende Kartoffeln
25 g Butter
125 g Crème fraîche
10 g Hefe
1/8 l lauwarme Milch
60 g Mehl
1 Ei
Majoran, Muskat
Fett für das Waffeleisen

Zubereitung Entenbrust:

Den Backofen auf 220-230 Grad C vorheizen, Abtropfblech unten einhängen, das Bratgitter herausnehmen. Die Entenbrüste waschen, gut abtrocknen, mit Salz und Pfeffer würzen und bei mittelstarker Hitze in der Pfanne in Butterschmalz zuerst auf der Haut-, bzw. Fettseite anbraten und etwas Farbe nehmen lassen. Danach zwei Minuten auf der Fleischseite braten, auf den Ofenrost setzen, den Rost in die Mitte des Backofens über die Auffangschale schieben. Je nach der Dicke des Fleisches 12 bis 16 Minuten lang garen. Das Fleisch herausnehmen und zehn Minuten ruhen lassen, damit sich das Fleisch entspannen kann und sich der Saft verteilt. Danach etwas Butter in einer Pfanne auslassen, etwas Entenfond dazugeben. In dieser Flüssigkeit die Entenbrüste unter mehrmaligem Wenden behutsam nachbraten, so, daß das Fleisch zum Schluß mit dem Bratensaft überzogen ist.

Sauce, falls gewünscht:

Entenfond entfetten, auf die Hälfte reduzieren, mit Salz, Pfeffer und gegebenenfalls mit einer Spur Himbeeressig abschmecken, mit Speisestärke oder eiskalter Butter binden.

Zubereitung Kartoffelwaffeln:

Die Kartoffeln kochen, ausdampfen lassen und schälen. Die Kartoffeln, Butter und Crème fraîche mit der Gabel vermischen. Aus Hefe, Milch und Mehl einen Vorteig herstellen und mit der Kartoffelmasse verkneten, gehen lassen.
Ei und Gewürze unterarbeiten, abschmecken und im ausgefetteten Waffeleisen knusprige Waffeln ausbacken.
Die Entenbrüste in dünne Scheiben schneiden, mit den Kartoffelwaffeln und Gemüse (z.B. Zuckerschoten) anrichten.

Weinempfehlung:

Weißburgunder Kabinett, trocken.

MÄRZ

KARTOFFEL-KRESSE-SUPPE

Harald Wohlfahrt

Zum Pürieren von Suppen und Saucen eignen sich ein normaler Küchenmixer, aber auch ein Mixstab, der den Beinamen "Zauberstab" hat. Diese Geräte werden mittlerweile recht preiswert in Haushaltwarengeschäften angeboten und sind in jeder guten Küche ein wichtiges Arbeitsgerät. Man kann damit aus frischen Früchten, beispielsweise Beeren, herrliche Fruchtsaucen herstellen.
Wenn man eine pikante Sauce mit eiskalter Butter leicht binden will, hilft auch hier der Pürierstab.
Suppen werden, wenn man sie vor dem Servieren aufschlägt, fein und leicht schaumig.
Und: Der Geschmack der Zutaten wird intensiver, wenn man sie püriert!

Für 6 Personen

Zutaten Rinderbouillon:

1 kg Roastbeefknochen
1 kg Beinfleisch
2 Stangen Porree
2 Möhren, 1 große Zwiebel
1/2 Staudensellerie
2 Lorbeerblätter
1 Zweig Thymian

Zutaten Suppeneinlage:

25 g getrocknete Morcheln
40 g Möhren, 50 g Porree
40 g Staudensellerie
40 g Butter

Zutaten Suppe:

2 Schalotten
1 Knoblauchzehe
1 Stange Porree, 30 g Butter
2 Bd. Brunnenkresse, Salz
375 g mehlig-festkochende Kartoffeln
100 ml Schlagsahne
Pfeffer a.d. Mühle
1 Prise Cayennepfeffer

Zubereitung Rinderbouillon:

Am Vortag Knochen und Fleisch in einem breiten Topf mit knapp vier Liter kaltem Wasser aufsetzen, aufkochen, abschäumen und die Hitze verringern. Porree, Möhren und Sellerie putzen, waschen und grob zerteilen, Zwiebel schälen, halbieren und in einer trockenen Pfanne anrösten. Gemüse mit Lorbeer und Thymian in die Brühe geben. Im offenen Topf 3 bis 4 Stunden leise sieden. Durch ein Sieb gießen (ca. ein Liter), kalt stellen, entfetten und auf 3/4 Liter einkochen.

Zubereitung Suppeneinlage:

Die Morcheln unter fließendem Wasser abbrausen, halbieren, mindestens 30 Minuten in lauwarmem Wasser einweichen, noch einmal gründlich waschen und ausdrücken. Möhren, Sellerie und Porree putzen und waschen, erst in sehr dünne Scheiben, dann in ganz feine Streifen schneiden. Zugedeckt beiseite stellen.

Zubereitung Suppe:

Schalotten und Knoblauchzehe pellen und fein würfeln, Porree putzen, waschen, das Weiße ebenfalls fein würfeln. Alles in der Butter leicht andünsten. Brunnenkresse waschen, gut ausschütteln. Einige Zweige aufheben, die restlichen Blätter von den Stielen schneiden, mit in den Topf geben und gleich salzen. Kartoffeln schälen und waschen, fein würfeln, zur Kresse geben und weichdünsten, ohne daß der Suppenansatz Farbe nimmt. Nach ca. 15 Minuten die Brühe dazugießen und aufkochen. Portionsweise im Mixer pürieren und durch ein Sieb passieren, die Sahne einrühren, Suppe mit Salz, Pfeffer und Cayennepfeffer abschmecken. Morcheln und Gemüsestreifen getrennt in je 20 Gramm Butter dünsten, mit Salz und Pfeffer würzen. Die Suppe auf vorgewärmte Teller verteilen, mit Morcheln, den Gemüsestreifen und Brunnenkresseblättern garnieren.

Marinierte Forelle in der Folie

Johann Lafer

Es gibt sicher hunderte von Rezepten, um eine Forelle zu garen. Aber fast alle Forellen werden eben gekocht oder gebraten oder geräuchert. Und wenn nicht irgendein spezielles Gewürz oder Kraut dran ist, ja, dann ist der Geschmack eben genauso oder zumindest so ähnlich, wie der eines anderen Rezeptes. Johann Lafer zaubert einen leicht fernöstlichen Geschmack an die an sich doch recht bodenständige Forelle. Das tut er mit frischem Ingwer.
Noch eins: Für dieses Rezept brauchen Sie lebendfrische Forellen, die Sie im Fischladen oder beim Fischhändler schlachten und ausnehmen lassen können. Normalerweise sind es ja Zuchtforellen aus irgendeinem Zuchtbecken, die auf dem Markt zu kaufen sind. Vielleicht aber haben sie auch Glück, und erwischen ein oder zwei Exemplare der seltenen Bachforellen. In ein paar sauberen Bächen und Flüssen kommen diese edelsten Vertreter der Forellen noch vor. Der Geschmack von Bachforellen ist intensiver, feiner, als der der üblichen Regenbogen-Forelle.

Für 6 Personen

Zutaten Forellen:

6 lebendfrische Forellen à 250 g

Zutaten Marinade:

70 g Petersilie, grob gehackt
10 g Pfefferkörner
15 g Zucker
50 g Salz
1/4 l Olivenöl
1 Fenchelknolle in Streifen geschnitten
Filets von drei Limetten
3 Sternanis
30 g gehackter Ingwer

Zubereitung:

Forellen ausnehmen und waschen.
Alle Zutaten zu einer Marinade verrühren, die Forellen darin einlegen und abgedeckt einen Tag im Kühlschrank ziehen lassen.
Danach die Forellen einzeln, jeweils mit einigen Zutaten aus der Marinade, in Alufolie einwickeln und ca. 10 - 12 Minuten im Backofen bei 180 Grad C garen.
Zwischendurch wenden.
Als Beilage empfehle ich Ihnen: Bratkartoffeln und Eisbergsalat.

Weinempfehlung:

Ein trockener Riesling.

Auflauf von Nashibirnen und Grenaille-Kartoffeln

Albert Bouley

Am unteren Niederrhein, einer eher kulinarischen Diaspora, kennt man ein Gericht, das "Himmel und Erde" heißt. Der Himmel steht für selbstgemachtes Apfelmus, die Erde für Salzkartoffeln. Noch heute wird in der niederrheinischen Hausfrauenküche gebratene, schlachtfrische Blutwurst zu "Himmel und Erde" serviert. Die Kombination von Früchten mit Kartoffeln findet sich in einer sehr ausgefallenen und leckeren Form in Albert Bouley's Küchen-Repertoire: Für sein Gratin nimmt er die Nashi-Birne, eine aromatische, saftige Frucht aus Asien mit sehr dünner Haut und festem Fruchtfleisch, und französische Grenaille-Kartoffeln, eine kleine, festkochende Sorte aus der Normandie. Natürlich sind diese Zutaten kein absolutes "Muß", denn wer verfügt schon über die exquisiten Einkaufsquellen einer Sterneküche? Aber: Nashi-Birnen finden sich bisweilen im Angebot von gut sortierten Obst-und Gemüseläden - und dann sollte man zugreifen. Ersatzweise kann man natürlich auch heimische Birnen und Kartoffeln verwenden. Aber bitte immer darauf achten, daß die Kartoffeln wirklich festkochende Salatware und die Birnen sehr aromatische, saftige Vertreter ihrer Art sind. Machen Sie von diesem Gratin ruhig größere Portionen, als sie normalerweise kalkulieren würden. Sie werden merken: Dieses Gratin ist so schmackhaft, daß nachher bei Tisch nichts mehr davon übrig bleibt.

Für 4 Personen (Beilage)

Zutaten:

1 Knoblauchzehe
Butter für die Form und zum Bedecken
2 Nashibirnen
etwas Zitronensaft
400 g Grenaille-Kartoffeln
1 dl Sahne
etwas Reibekäse
Salz und Pfeffer

Zubereitung:

Eine Gratinform mit einer Knoblauchzehe ausreiben und anschließend großzügig ausbuttern, leicht mit Salz und Pfeffer bestreuen.
Die Birnen schälen, entkernen und in sehr dünne Scheiben schneiden. Die Birnen mit Zitronensaft beträufeln, damit sie nicht braun werden. Dann die Kartoffeln schälen und ebenfalls in sehr dünne Scheiben schneiden. Den Backofen auf 200 Grad C vorheizen. Birnen- und Kartoffelscheiben abwechselnd in die Gratinform schichten, mit der Sahne begießen, etwas Reibekäse darüberstreuen und ein paar Butterflöckchen auf das Gratin setzen. Die Gratinform erst oben auf der Herdplatte kurz aufkochen lassen, danach 20 Minuten bei 200 Grad C im vorgeheizten Backofen garen. Nach 20 Minuten eine Garprobe machen und servieren. Dieses Gratin paßt sehr gut als Beilage zu Fleisch, kann aber auch ein leckeres, vegetarisches Hauptgericht sein.

Weinempfehlung:

Sylvaner aus Oberbergen.

Lammrückenfilet mit Meerrettich-Senf-Krustenbutter

Alfred Klink

Die eigentliche, aber wichtige Vorarbeit beginnt beim Einkauf der Zutaten. Sie brauchen frischen Meerrettich! Bei diesem Rezept sollte man sich wirklich nicht, weil es vielleicht bequemer ist, aus irgendeiner Dose oder einem Tübchen bedienen. Nichts gegen die Qualität von fertigem Meerrettich - aber das Aroma von frischem ist für dieses Gericht ganz wichtig. Außerdem: Bestellen Sie auch hier das Fleisch beim Metzger vor. Sagen Sie, daß Sie frisches Fleisch brauchen, also erst wenige Tage vor dem Festessen geschlachtet und ein paar Tage im Kühlhaus abgehangen. Lassen Sie dann den Lammrücken von Ihrem Metzger auslösen, daß heißt, er soll Ihnen schön sorgfältig die Lammrücken-Filets, oder auch Carré genannt, herausschneiden und einpacken. Jeder gute Metzger macht diesen Service gerne. Und: Die Knochen wie immer hacken lassen und mit nach Hause nehmen. Daraus machen Sie nämlich den Fond, die Basis für Ihre Sauce.

Für 4 Personen

Zutaten Lammrückenfilet:

400 g Lammrückenfilet
2 EL Olivenöl
Salz, frisch gemahlener Pfeffer
Dijonsenf

Zutaten Senf-Krustenbutter:

125 g weiche Butter
2 Eigelb
1/2 EL Körnersenf (Moutarde de Meaux)
2 EL frisch geriebener Meerrettich
2 EL geriebenes Weißbrot (mie de pain)
Salz, Pfeffer, Muskat

Zutaten Sauce:

0,4 l Lammfond (selbstgemacht oder aus dem Glas)
1 Knoblauchzehe
1 Zweig Thymian
1 gehackte Schalotte
Pfeffer, Salz
Butter zum Braten
eiskalte Butter für die Sauce

Zubereitung Krustenbutter:

Die Butter schaumig rühren, Eigelb beigeben und weiterrühren.
Senf und Meerrettich zugeben und zuletzt das geriebene Weißbrot und die Gewürze unterarbeiten.

Zubereitung Lammrückenfilet:

Das Lammrückenfilet mit Salz und Pfeffer würzen und in heißem Olivenöl von allen Seiten gut anbraten, danach für 10 bis 15 Minuten - je nach Dicke des Fleisches - in dem auf 220 Grad C vorgeheizten Backofen garen.
Danach das Fleisch an einem warmen Ort mindestens zehn Minuten ruhen lassen. Mit Anschnitt-Test den Garzustand kontrollieren. Wenn Ihnen das Fleisch innen zu rot ist, in der Pfanne, auf dem Herd, nochmal kurz nachbraten. Danach das Fleisch mit Dijonsenf überpinseln und die Meerrettichkruste auftragen. Unter dem Grill oder dem Salamander gratinieren, bis die Kruste eine schöne, goldgelbe Farbe hat. Sofort servieren.

Zubereitung Sauce:

Eine Pfanne mit der Knoblauchzehe ausreiben, Butter erhitzen, die Schalotten kurz anziehen, mit dem Fond ablöschen, den Thymianzweig dazugeben und auf die Hälfte reduzieren. Sauce durch ein Haarsieb streichen, zurück in die Pfanne geben, mit Salz und Pfeffer abschmecken und zur Bindung die eiskalte Butter einarbeiten. Die Sauce neben die Scheiben vom Lammrücken geben.
Die Senf-Krustenbutter passt auch ideal zu einem Rumpsteak.

Weinempfehlung:

Spätburgunder Rotwein, Spätlese oder Auslese, trocken.

APRIL

Scampisalat mit Badischem Spargel und Steinkraut

Albert Bouley

Auch bei Salaten gilt eine Feinschmecker-Regel: Nichts eiskalt oder kühlschrankkalt auf den Tisch bringen. Kälte raubt den besten Produkten das Eigen-Aroma, und das ist schade.
Serviertip: Zerschneiden Sie die gegarten Spargelstücke in mundgerechte Bissen, damit ersparen Sie sich und Ihren Gästen die übliche Spargel-Akrobatik.
Natürlich kann man auch diesen Salat von Albert Bouley noch verfeinern: Das gelingt zum Beispiel mit farblich sehr hübschen Perlen vom Lachskaviar. Sie können auch statt Scampi, wenn Sie sie nicht taufrisch bekommen, kleine Tintenfische zum Salat geben, die Sie vor dem Anrichten in Butter auf mittlerer Hitze durchgeschwenkt haben. Wenn's ganz exclusiv sein soll: gekochte Wachteleier, halbiert und mit saurer Sahne angerichtet und zum Salat gelegt.

Für 4 Personen (Vorspeise)

Zutaten:

je 1/2 Bd. frische Kräuter: Kerbel, Estragon und Schnittlauch
1 Bd. Steinkraut (Tripmadam)
2 EL Sherryessig
2 EL Olivenöl
etwas Weißwein
etwas Noilly Prat
Salz und frisch gemahlener Pfeffer
600 g badischer Spargel
Salz, etwas Butter, Zitronensaft
400 g Scampi oder Langoustines
50 g Butter

Zubereitung:

Alle Kräuter (ein paar zum Garnieren aufheben!) kleinhacken und anschließend sehr fein wiegen, die Zutaten für die Vinaigrette dazugeben und alles gut miteinander vermischen.
Den Spargel schälen und mit Salz, einem Stückchen Butter und dem Saft einer halben Zitrone weichkochen (ein besonders gutes Aroma behält der Spargel, wenn man vorher die Schalen und Abschnitte zwanzig Minuten in dem Spargelwasser leicht siedet, dann das Wasser absiebt, auffängt und die Spargeln in diesem Wasser kocht).
Während die Spargeln kochen, die Scampi halbieren und den Darm entfernen.
Dazu die Meerestiere genau in der Mitte des Rückens vorsichtig einschneiden.
Die Scampi kurz abspülen, trockentupfen und auf mittlerer Hitze in Butter braten, bis das Eiweiß abgebunden hat; nicht länger, sonst werden sie hart und trocken.
Den weichgekochten Spargel ausheben und ein bißchen abkühlen lassen. Er sollte - wie die Scampi - lauwarm serviert werden. So teilt sich das Aroma aller Zutaten am besten mit. Den Spargel hübsch auf den Tellern anrichten, die Scampi in der Kräuter-Vinaigrette wälzen und auf dem Spargel dekorieren. Die Teller mit der restlichen Marinade nappieren und mit den übrig gebliebenen Kräutern garnieren.

Weinempfehlung:

Ein trockener, gut gekühlter Riesling aus dem Baden-Badener Rebland.

SALAT VON ROHEM FENCHEL MIT GEGRILLTEN SEEZUNGENFILETS

Johann Lafer

Die Seezunge gehört zu den Edelfischen und wegen der hohen Nachfrage, auch auf dem deutschen Markt, ist dieser Fisch teilweise schwer zu bekommen oder eben nur auf Vorbestellung. Durch die Knappheit des Angebotes ist in der letzten Zeit auch der Preis geklettert. Sicher, zu jedem Rezept gibt es Alternativen, was die Zutaten betrifft. Bei diesem Rezept von Chefkoch Lafer aber sollte es doch nur Seezunge sein, die verwendet wird. Auch wegen der übrigen Zutaten, die sehr harmonisch aufeinander abgestimmt sind. Denn diesmal wird frischer Fenchel verarbeitet - zusammen mit der Seezunge eine sehr eigenwillige, aber tolle Komposition. Wie er auf diese Kombination gekommen ist, hat Johann Lafer nicht verraten.

Für 4 Personen

Zutaten Fenchelsalat:

1 große Fenchelknolle
2 Tomaten
Saft einer 1/2 Zitrone
3 EL Walnußöl
1 EL Weißweinessig
Salz, Pfeffer

Zutaten Seezungenfilets:

Sesamöl zum Ausreiben
8 Seezungenfilets
Salz, Pfeffer a.d. Mühle
Koriander
1 Karotte
1 Zucchini
1/2 kl. Sellerieknolle
4 EL Semmelbrösel
etwas Sesamöl zum Beträufeln

Zubereitung Fenchelsalat:

Wurzelansatz und Stiele des Fenchel entfernen und den Fenchel waschen. Das Fenchelgrün kleinschneiden und aufheben.
Die Fenchelknolle halbieren und den Strunk entfernen. Am besten mit der Aufschnittmaschine den Fenchel in hauchdünne Scheiben schneiden.
Die Tomaten schälen, entkernen und in kleine Würfel schneiden.
Fenchelscheiben und Tomatenwürfel mit Zitronensaft, Walnußöl und Weißweinessig marinieren und mit Salz und Pfeffer abschmecken.

Zubereitung Seezungenfilets:

Ein Blech mit Sesamöl einreiben und die Seezungenfilets darauf ausbreiten. Mit Salz, Pfeffer und Koriander würzen.
Karotte, Zucchini und Sellerie putzen, waschen und in sehr kleine Würfel schneiden. Mit den Semmelbröseln mischen und auf den Seezungenfilets verteilen. Mit etwas Sesamöl beträufeln und für ca. vier Minuten im Backofengrill überbacken.
Zum Anrichten den Fenchelsalat auf vier Tellern verteilen und die Seezungen darauf anrichten.
Mit dem aufbewahrten Fenchelgrün garnieren.

Weinempfehlung:

Badischer Rosé, leicht und spritzig.

Gemüseterrine mit Tomaten-Basilikum-Kompott

Alfred Klink

Wer hat noch nicht staunend in irgendeinem guten Restaurant auf den Teller geschaut und sich gefragt, wie macht der das eigentlich? Ich rede von Terrinen, jenen kunstvollen Gebilden, die kantig oder rund als Scheibe auf dem Teller liegen und meist mit einer köstlichen Sauce garniert sind. Diese Terrinen bestehen aus Fleisch, Fisch, Krustentieren - ohne Kruste natürlich - oder eben Gemüse. Grundregel für alle Terrinen: Die Zutaten sind fast alle vorher gegart oder mariniert, die schaumig bis festen Bestandteile sind oft Farcen, die durch Pürieren und Garen entstehen. Bei den durchsichtigen Terrinen wird entweder mit Gelatine gearbeitet - und einer guten Brühe natürlich - oder mit Naturmaterialien, die viele gelierende Bestandteile haben. Doch weg mit aller Hochachtung vor bisher unbekannten Finessen der Küche. Die erste Terrine ist oft der Anfang zu mehr Experimentierfreude in der Küche!

Für 4-6 Personen

Zutaten Gemüseterrine:

15 g Butter
20 g Schalotten
300 g Champignons
2 cl Weißwein
2-3 Tropfen Champagneressig
600 g Sahne
10 Blatt Gelatine
Gemüseeinlage:
Karotten, Wirsingblätter, Bohnen, Broccoli, Kohlrabi

Zutaten Tomaten-Basilikum-Kompott:

5 große Freilandtomaten
15 Blätter Basilikum
3-4 EL Basilikumöl
Sherryessig
Pfeffer, Salz

Zubereitung Gemüseterrine:

Schalotten in Butter glasig anschwitzen, Champignons zufügen (sie dürfen keine Farbe bekommen). Mit Weißwein ablöschen, etwas reduzieren, Champagneressig beigeben und mit der Sahne auffüllen. Den Sahnefond nochmals kurz reduzieren und danach passieren. Den heißen Fond in den Mixer geben und die eingeweichte Gelatine dazugeben.
Alle Gemüse in gesalzenem Wasser weichkochen und danach im Eiswasser abschrecken, bzw. abkühlen.
Eine Terrinenform mit Klarsichtfolie auslegen, dann schichtweise mit dem Sahnefond und den weichgekochten Gemüsen auffüllen.
Im Kühlschrank für ca. 4-5 Stunden kalt stellen.

Zubereitung: Tomaten-Basilikum-Kompott:

Am Tag vorher das Basilikumöl herstellen: Die gewaschenen Stengel vom Basilikum und kleine Blätter mit sehr gutem Olivenöl übergießen und eine Nacht marinieren lassen. Danach die Stengel und Blätter entfernen.
Die Tomaten in kochendem Wasser kurz blanchieren, kalt abschrecken und häuten. Die Tomaten halbieren, entkernen und das Fruchtfleisch in sehr kleine Würfel schneiden.
Zwei Drittel der Tomatenwürfel in heißem Olivenöl andünsten und dann zu einem Püree einkochen lassen. Zum Schluß mit Salz, schwarzem Pfeffer aus der Mühle, Sherryessig und dem Basilikumöl abschmecken. Die Pfanne vom Herd nehmen, ein paar Minuten abkühlen lassen und dann die rohen Tomatenwürfel und die frischen Basilikumblätter dazugeben. Das Kompott anschließend gut durchkühlen lassen. Zusammen mit der Gemüseterrine anrichten.

Weinempfehlung:

Trockener Sylvaner aus Baden oder ein Nobling Kabinett.

Gedünsteter Spargel mit Kerbelbutter und Morchelrahm Harald Wohlfahrt

Der Trend in der modernen, feinen Küche geht schon seit Jahren zu saisonal frischen Produkten aus der jeweiligen Region. Sicher, manche Menschen wollen unbedingt Erdbeeren im Winter essen, und der erste Spargel aus Spanien, Griechenland und Frankreich kommt schon Wochen vor den heimischen Erzeugnissen auf den Markt. Harald Wohlfahrt aber bleibt zu Beginn der Spargelsaison bodenständig: Hügelsheimer Spargel verwendet er besonders gern. Und seine Art, den Spargel nicht zu kochen, sondern zu dünsten, ist eine ebenso schonende wie schmackhafte Zubereitungsform für dieses königliche Gemüse. Wer bei dem hohen Butteranteil, den die Kerbelsauce hat, kalorienbewußt die Stirn runzelt, sollte seine Bedenken sofort wieder vergessen. Das typisch badische Spargelgericht mit Schinken, Pfannkuchen, Sauce Hollandaise, Vinaigrette, Mayonnaise und Kartoffeln ist weitaus üppiger. Wenn Sie frische Morcheln bekommen wollen - sie sprießen ab Mitte April bis Mai in den feuchten Auwäldern -, fragen Sie doch einfach mal ihre Marktfrau, bei der Sie im Herbst die Pfifferlinge kaufen. Und wenn diese völlig ratlos die Achseln zuckt, sprechen Sie mal den Chef Ihres Lieblingsrestaurants an. Vielleicht bestellt er Ihnen bei seinem Lieferanten ein paar Gramm mit. Ansonsten auf getrocknete Ware zurückgreifen, die Pilze knapp bedeckt in lauwarmem Wasser 30 Minuten quellen lassen, das Einweichwasser anschließend durch einen Kaffeefilter abseien und auffangen. Es hat ein intensives Aroma und kann den Morchelrahm verfeinern.

Für 4 Personen

Zutaten Spargel:

je 1 kg weißer und grüner heimischer Spargel
Butter zum Dämpfen
etwas Wasser oder Weißwein
je 1 Prise Salz und Zucker

Zutaten Kerbelbutter:

50 g Butter
2 Schalotten
ca. 1/8 l Riesling
100 g eiskalte Butter
Salz und Pfeffer
500 g frischer Kerbel

Zutaten Morchelrahm:

60 g frische Morcheln, ersatzweise
30 g getrocknete Morcheln
1 Schalotte
Butter zum Braten
1 Schuß Riesling
0,2 l Sahne
Salz und Pfeffer

Zutaten Blätterteigkissen:

4 fertig gekaufte Blätterteigplatten
Eigelb zum Bestreichen

Zubereitung Spargel:

Spargel schälen - vom grünen nur das untere Drittel - etwas Butter in einen gut schließenden, länglichen Topf geben. Zuerst den weißen Spargel zugeben, mit wenig Salz und einer Prise Zucker würzen und zugedeckt bei milder Hitze in der Butter gardünsten. Nach 8 bis 10 Minuten den grünen Spargel dazugeben, die Gesamtgarzeit des Spargels beträgt 20 Minuten.

Zubereitung Kerbelbutter:

Die sehr fein geschnittenen Schalotten in einer Pfanne in Butter andünsten. Mit Riesling ablöschen und einkochen lassen. In einen Mixer schütten, mit der eiskalten Butter aufschlagen, mit Salz und Pfeffer abschmecken und den sehr fein geschnittenen Kerbel unterheben.

Zubereitung Morchelrahm:

Die sehr gut gewaschenen Morcheln halbieren. In einer zweiten Pfanne eine feingeschnittene Schalotte in Butter anschwenken, die Morcheln dazugeben und 4-5 Minuten bei mittlerer Hitze leicht köcheln. Danach mit einem Schuß Riesling ablöschen, kurz einkochen lassen und die Sahne angießen. Den Morchelrahm langsam auf eine cremige Konsistenz einkochen lassen. Erst dann salzen und pfeffern.

Zubereitung Blätterteigkissen:

Aus den Blätterteigplatten Vierecke ausschneiden, mit Eigelb bestreichen und im Backofen bei 220 Grad C goldgelb backen.

Anrichten:

Den gedünsteten Spargel aus dem Topf heben, zuerst den weißen Spargel auf die gut vorgewärmten Teller geben, darüber quer die grünen Spargelstangen. Die Enden und

Bitte umblättern

die Spitzen des weißen Spargels mit der grünen Kerbelbutter nappieren, zum grünen Spargel jeweils den Morchelrahm dazugeben. Das Blätterteigkissen obendarauf setzen und servieren.

Weinempfehlung:

Eine trockene, gehaltvolle Rieslingspätlese.

MAI

Frühlingssalat mit Maischolle

Albert Bouley

Maischolle ist ein fantastischer Fisch in dieser Jahreszeit. Aber Scholle ist oft sehr teuer und manchmal auch gar nicht auf dem Markt oder beim Fischhändler zu haben - außer man bestellt extra. Wer eine preiswertere Variante hierzu möchte, sollte Rotzungen-Filets kaufen, oder, wenn es diesmal sogar etwas teurer werden darf, Seezungen-Filets oder sogar Steinbutt - einer der edelsten Meeresfische überhaupt. Lassen Sie beim Kauf den Fisch unbedingt filetieren, entfernen Sie alle Hautstückchen und Gräten, eventuell sogar mit der Pinzette - das macht viel weniger Arbeit, als es sich anhört. Die Filets sollen in breite Streifen geschnitten werden, weil sich der Fisch beim Garen zusammenzieht.
Nehmen Sie für das Dressing einen feinwürzigen Sherry-Essig. Kaufen Sie für den Salat auch einmal Rucola.

Für 4 Personen

Zutaten Salat:

1 Kopf Frisée
1 Büschel Rucola (Ölrauke) und/oder andere Blattsalate nach tagesfrischem Angebot
Für die Vinaigrette:
1 Schalotte
1 Knoblauchzehe
je 1 Bd. Schnittlauch und Petersilie
1 Handvoll Kresse
Salz und Pfeffer aus der Mühle
1 Spur scharfer Senf
2 EL Sherry-Essig
4 EL Olivenöl

Zutaten Maischolle:

4 kleine Maischollen, frisch vom Fischhändler ausgenommen und gesäubert
Öl und Butter
Salz, Zitronensaft

Zubereitung Salat:

Zuerst die Salate putzen, waschen und trockenschleudern. Die Schalotte, den Knoblauch und alle Kräuter fein wiegen. Die Gewürze für die Vinaigrette in einer Schüssel mit den frischen Kräutern, Essig und Öl gut vermischen.

Zubereitung Schollen:

Die gewaschenen Schollen trockentupfen und in einer großen Pfanne in Öl mit etwas Butter goldgelb braten. Die Fische herausnehmen, auf Küchenkrepp abtropfen lassen, mit Salz und Zitronensaft würzen.
Sofort danach die Salate in der Vinaigrette marinieren und auf den Tellern hübsch drappieren. Die Schollen daraufsetzen und mit der restlichen Vinaigrette beträufeln. Nach Lust und Laune mit frischen Kräutern garnieren.

Weinempfehlung:

Weißburgunder, trocken, vom Kaiserstuhl.

Zucchinischaumsuppe mit gebratenen Scampi

Johann Lafer

Die Kombination von Zucchini und Fisch kommt - wie sollte es anders sein - aus Italien. In der klassischen Küche werden oft drei sehr unterschiedliche Geschmackskomponenten miteinander kombiniert. Die frische Minze, mit deren aromatischen Blättern bisweilen nur Dessertteller "ausgarniert" werden, spielt bei dieser Kreation eine wichtige Rolle, weil sie einen herrlich frischen Geschmack mitbringt. Achtung beim Kauf der Scampi: Nur absolut tagesfrische Ware kaufen, die Scampi müssen roh sein - also nicht vorgekocht, wie sie in zweitklassigen Fischgeschäften oft tagelang rumstehen! Die Scampi vorsichtig aus der Schale puhlen, auf der Rückenmitte leicht einschneiden und den schwarzen Darm entfernen, waschen und gut trockentupfen. Der Rest der Zubereitung geht im Handumdrehen.

Für 6 Personen

Zutaten Suppe:

30 g Butter
40 g Schalotten, kleinwürfelig geschnitten
2 kl. Knoblauchzehen
350 g Zucchini
350 ml Geflügelfond
Muskatnuß, Salz und Pfeffer
0,3 l Sahne
1 Eigelb

Zutaten Einlage:

12 Scampi, schwarze Sorte, ohne Schale
ca. 4 EL Olivenöl
1 Thymianzweig
1 Knoblauchzehe
Salz und Pfeffer
2 EL geschlagene Sahne
Zum Garnieren:
ca. 10 Pfefferminzblättchen in feine Streifen geschnitten

Zubereitung Suppe:

Butter mit kleingeschnittenen Schalotten und Knoblauch in einer Kasserolle anschwitzen, Zucchini in grobe Würfel schneiden und mitrösten.
Mit Geflügelfond auffüllen, kurz kochen lassen, mit Salz, Pfeffer und Muskat abschmecken.
Aus der Kasserolle in einen Mixer füllen und ganz fein pürieren.
Durch ein feines Sieb in einen Topf passieren.
Sahne und Eigelb dazugeben und glattrühren.

Zubereitung Einlage:

Olivenöl erhitzen, Knoblauch und Thymianzweig beigeben und darin die Scampischwänze von beiden Seiten, je nach Größe, ca. 2 Minuten braten. Mit Salz und Pfeffer würzen.
Die Zucchinisuppe wieder auf's Feuer stellen und unter ständigem Rühren erhitzen, schaumig schlagen.
Bevor die Suppe zu kochen beginnt, vom Feuer nehmen und kurz weiterschlagen. Die geschlagene Sahne unter die Suppe heben und mit Salz und Pfeffer abschmecken.

Anrichten:

Scampi und Zucchinischaumsuppe in tiefe Teller oder Tassen geben und die Pfefferminzstreifen darüberstreuen.

Weinempfehlung:

Scheurebe aus der Ortenau.

Carpaccio vom Rind mit Olivenmarinade

Harald Wohlfahrt

Rohes Fleisch hat auf bundesdeutschen Tellern eigentlich keine große Tradition. Bei vielen Feinschmeckern sträuben sich bei dem Gedanken, irgendetwas roh verzehren zu müssen, immer noch die Nackenhaare. Das ändert sich komischerweise immer erst dann, wenn es Mett-Brötchen gibt, die eben mit rohem Schweinemett bestrichen sind. Oder eben Filet-Tatar, durchgedrehtes Rindfleisch, ebenfalls roh, das nach guter deutscher Sitte am Tisch vom Gast selbst mit Gewürzen und Aromaten vermischt und dann mit einem Stück kräftigem Bauernbrot gegessen wird. Das ist auch rohes Fleisch. Aber - wie gesagt - ein traditionelles Gericht, das sehr beliebt ist. Mit dem Vorurteil, außer Mett und Tatar könne man Fleisch nicht roh essen, sollte man einfach aufräumen. Ein gebeizter Lachs ist eigentlich auch roh, und schmeckt in diesem Zustand hervorragend. Beim Einkauf also nur auf absolute Frische und beste Qualität des Rindfleischs achten.

Für 6 Personen

Zutaten:

500 g Rinderfilet (am besten ein Mittelstück vom Angusrind), gut abgehangen
2 EL Pinienkerne
1 EL frischer Kerbel
15 vollfleischige, schwarze Oliven
5 cl Consommé
25 ml Olivenöl
1-3 EL guter Balsamicoessig
Friséesalat und marktfrische Pilze zum Garnieren
Salz, schwarzer Pfeffer a.d. Mühle

Zubereitung:

Am Tag vorher eine kräftige Rindsbrühe herstellen und zu einer konzentrierten Consommé einkochen. Man kann auch auf sehr stark reduzierten Fertigfond zurückgreifen. Bei Pasten und anderen Ersatzstoffen darauf achten, daß das Konzentrat nicht zu stark gesalzen ist.
Salat waschen und trockenschleudern, Pilze putzen, in Scheiben schneiden, kurz durch heiße Butter schwenken, leicht salzen und beiseite stellen. Das sehr säuberlich parierte Filetstück in Alufolie einpacken und im Tiefkühler anfrieren; d.h. das Fleisch soll nicht tiefgefroren sein, sondern lediglich so fest werden, daß man es sehr dünn aufschneiden kann. Falls die Scheiben dennoch zu dick geraten, die Scheiben zwischen Klarsichtfolie legen und vorsichtig mit dem Nudelholz dünner ausrollen. Appetitlich auf kalte Teller verteilen. Schwarze entkernte Oliven (evtl. unter Zugabe von etwas Olivenöl, wenn die Oliven zu trocken sind) im Mörser pürieren und auf jede Fleischscheibe eine gute Messerspitze verteilen.
Das Olivenöl, die Consommé und den Balsamicoessig (Menge nach Geschmack) mit Salz und Pfeffer zu einer Marinade verrühren. Die Salatblätter kurz durch die Marinade ziehen und zusammen mit den Pilzen dekorativ auf die Teller verteilen. Die Pinienkerne kurz ohne Fett in einer Pfanne anrösten. Das Fleisch mit der Marinade tropfenweise übergießen. Die Pinienkerne darüberstreuen. Servieren. Das Carpaccio sollte Raumtemperatur haben.

Weinempfehlung:

Ein kräftiger Kerner, trocken, aber auch ein Grau- oder Spätburgunder.

Eingelegter Ziegenkäse mit Salatbukett

Alfred Klink

Es gibt viele Methoden, einen Salat anzumachen - so lautet ja die hausübliche Bezeichnung. Statt "anmachen" kann man den Salat auch mit einem Dressing oder einer Vinaigrette herstellen (Vinaigre, was nicht mehr heißt als Essig); Vinaigrette, die Mischung aus Salz, Pfeffer, Kräutern, Gewürzen, Essig und Öl. Die Zeiten, in denen reichlich Rahm und Zucker an den grünen Salat gegeben wurden, sind Gott sei Dank vorbei. Glücklicherweise. Denn was soll eigentlich eine Vinaigrette? Sie hat nur die Aufgabe, den Natur-Geschmack der verwendeten Rohprodukte zu verstärken und geschmacklich abzurunden oder zu ergänzen. Auch dick geschnittene Zwiebeln gehören eigentlich nicht an einen Salat. Aus Südfrankreich, Griechenland und Italien kennen wir die gelungene Kombination von Käse und Salat. Ob es nun zarter Mozzarella, frisch gehobelte Parmesanspäne oder würziger Käse von Schaf oder Ziege ist - die Verbindung hat einen ganz besonderen Geschmack.

Für 4 Personen

Zutaten Marinade:

40 g fein gewürfelte Zwiebeln
2 EL Olivenöl
2 EL Basilikumöl
1/2 Knoblauchzehe, fein gehackt
frische Kräuter (Basilikum, Kerbel, Petersilie)
Salz, Pfeffer a.d. Mühle
160 g Ziegenkäse

Zutaten Salat:

Salate nach Marktangebot - vier verschiedene Sorten sollten es schon sein

Zubereitung Ziegenkäse:

Alle Zutaten für die Marinade zusammenrühren und über den Ziegenkäse geben.
Für etwa eine Stunde darin ziehen lassen.

Zubereitung Salat:

Alle Salatsorten waschen, zerkleinern und trockenschleudern.
Gefällig auf Tellern anrichten und den marinierten Ziegenkäse dazulegen (siehe Abbildung).
Serviert mit geröstetem Weißbrot oder neuen Kartoffeln haben Sie eine komplette Mahlzeit.

Weinempfehlung:

Badisch Rosé, gut gekühlt.

JUNI

Fischterrine in Gelee

Alfred Klink

Terrinen sind eigentlich die Meisterprüfung für jeden Koch und für viele Profis das Metier, in dem sie ihre Kreativität am besten beweisen können. Es ist natürlich mit einigem Aufwand und Arbeit verbunden, eine Terrine selbst daheim herzustellen. Aber es lohnt sich, wenn nachher, wenn die Gäste kommen, ein oder zwei Scheiben einer hausgemachten Terrine auf dem Vorspeisenteller liegen, vielleicht von einer grünen Kräutersauce begleitet. Damit kann man wirklich glänzen!
Wichtig, auch beim Thema Fisch: Häute, Gräten und die Fischköpfe sowie die Parüren des filetierten Fisches sollte man wirklich nicht achtlos in den Mülleimer werfen. Daraus läßt sich im Handumdrehen ein toller Fischfond herstellen. Man braucht nur das richtige Gemüse, Weißwein und ein paar Kräuter dazu. Und mit diesem Fisch-Fond, den man bekanntermaßen portionieren und einfrieren kann, läßt sich eine leckere Fischsauce oder eine Suppe machen.

Für 4 Personen

Fischeinlage:

100 g Rotbarbe (filiert, entgrätet), 100 g Steinbutt
100 g Seeteufel
1 l Weißwein
12 Blatt Gelatine
20 g Karotten, in Streifen geschnitten
20 g Zucchini, in Streifen geschnitten
Safran

Zubereitung:

Rotbarbe, Steinbutt und Seeteufel in dicke Streifen schneiden und in Weißwein pochieren. Den Fischfond anschließend für das Gelee verwenden.
Auf einen Liter Fond 12 Blatt Gelatine und ganz wenig Safranpulver rechnen. Eine Terrinenform mit Klarsichtfolie auslegen, in Eiswasser stellen und - mit Gelee beginnend - abwechselnd die Gemüse mit Gelee bedecken, dann den Fisch einschichten, bis die Terrine voll ausgefüllt ist.
Für ca. 3 - 4 Stunden in den Kühlschrank stellen.

Tip

Dazu paßt ideal eine Kräutersauce, die Sie aus Mayonnaise, frisch gehacktem Dill, Estragon und feingewürfelten kleinen Gewürzgurken herstellen können.

Weinempfehlung:

Weißburgunder Kabinett, trocken; Grauburgunder Kabinett; Gutedel, trocken.

Gemüseterrine mit Ziegenquark und Pesto

Harald Wohlfahrt

Pesto ist eine "Erfindung" der italienischen Arme-Leute-Küche und enthält alles das, was - früher! - preiswert war, wild in der Natur wuchs oder auf dem Bauernhof hergestellt werden konnte: Basilikum, Knoblauch, Pinienkerne, Olivenöl und Peccorino-Käse. In Südfrankreich heißt er Pistou und ist ungefähr dasselbe. Mit Pesto kann man würzen, Saucen verfeinern und es pur oder verdünnt zu Nudeln und Terrinen geben. Neben der Erfindung der Nudel ist Pesto eine der vielen Heldentaten italienischer Kochkunst.

Für 6-8 Personen

Zutaten:

1 Bd. Basilikum
150 g Karotten
150 g Zucchini
150 g Spargel
150 g Bohnen
150 g Tomaten
150 g Lauch
Mangoldblätter
300 g Ziegenfrischkäse
300 g Butter
1 EL Pesto (nach klassischem Rezept)
Salz, Pfeffer, Zitrone
Olivenöl

Zutaten Sauce:

5 EL Crème double
2 EL Sahne
Salz, Pfeffer, Zitrone
2 EL verschiedene Kräuter

Zubereitung:

Die Gemüse putzen und in Salzwasser gut weichkochen und abschrecken.
Das Gemüse auf eine Platte legen, mit Salz und Pfeffer nachwürzen. Den Ziegenquark verrühren, mit Salz, Pfeffer und Pesto abschmecken.
Eine Terrinenform mit Folie auslegen, dann mit Mangoldblättern auskleiden. Nun den Ziegenquark und die vorbereiteten Gemüse und Basilikum dicht einschichten. Anschließend mit Mangoldblättern und der Folie abschließen. Die Terrine mit einem Brettchen und einem Gewicht beschweren und über Nacht kaltstellen.
Für die Sauce die Crème double und Sahne mit Salz, Zitrone und den Kräutern verrühren. Eventuell Tomatenwürfel unter die Sauce heben.
Terrine aufschneiden, mit Sauce, Basilikumblättchen und Tomatenscheiben garniert servieren.

Weinempfehlung:

Kerner; Nobling; Spätburgunder Weißherbst; Gutedel.

Stubenküken mit leichtem Kartoffel-Olivenöl-Püree

Albert Bouley

Wie beim Wild gibt es auch beim Geflügel eine Grundregel, die da lautet: Je jünger, desto schmackhafter. Eine Ausnahme von dieser Regel macht da nur der klassische Coq au Vin aus Frankreich und sein Verwandter aus dem Elsaß, der Hahn in Riesling: Da muß es ein dicker Bauernhahn mit rund 2 Kilogramm Gewicht sein, der schon mindestens ein Jahr lang den Bauernhof bewacht hat. Aber ein Stubenküken, also ein noch nicht voll ausgewachsenes Huhn, schmeckt einfach unvergleichlich. Gerade in Baden und im Elsaß stehen Stubenküken seit Jahrhunderten auf dem Speisezettel der ländlichen Küche. Übrigens: Wenn bei diesem Rezept nach dem Essen Geflügelreste übrigbleiben, am nächsten Tag das von den Knochen gelöste Fleisch kleinschneiden, eventuell ein paar Sekunden im Mikrowellenherd wärmen und zu einem Salat servieren - eine delikate Form der Resteverwertung.

Für 4 Personen

Zutaten Kartoffelpüree:

600 g mehlig kochende Kartoffeln
1 dl Geflügelfond
ca. 2 EL gutes Olivenöl
1 Bd. Schnittlauch, Salz

Zutaten Stubenküken:

4 Keulchen und 4 Brüste von Stubenküken
etwas Öl
Salz und Pfeffer

Zutaten Sauce:

0,6 l dunklen Geflügelfond (evtl. Fertigfond aus dem Glas)
2 cl Portwein
eiskalte Butter zum Aufmixen
Salz, Pfeffer

Zubereitung Kartoffel-Olivenöl-Püree:

Die Kartoffeln schälen und im Dampfdrucktopf ganz weichkochen. Danach die Kartoffeln abschütten, den Geflügelfond, ein bis zwei Eßlöffel Olivenöl und den gehackten Schnittlauch dazugeben. Das Püree gut durcharbeiten und zum Schluß mit Salz abschmecken.

Zubereitung Stubenküken:

Die Keulchen und Brüstchen der Stubenküken in etwas Öl mit nicht zuviel Hitze zart rosa braten, danach leicht salzen und - nach Geschmack - pfeffern. Kurz vor dem Garpunkt des Geflügels das Oliven-Kartoffelpüree auf vorgewärmten Tellern anrichten und die Brüstchen der Stubenküken obenauf setzen.

Zubereitung Sauce:

Den Geflügelfond auf starker Hitze auf die Hälfte reduzieren, die Hitze stark vermindern. Zum Aromatisieren des Fonds Portwein nach und nach in kleinen Portionen einrühren und immer wieder abschmecken, damit der Porto nicht zu stark durchschmeckt. Mit Salz und Pfeffer würzen, im Mixer mit eiskalter Butter aufschlagen und die Stubenküken damit nappieren.
Die Teller mit ein paar Schnittlauchstiftchen garnieren.

Weinempfehlung:

Müller-Thurgau vom Bodensee oder vom Kaiserstuhl.

Erdbeeren mit Sektschaum überbacken

Johann Lafer

Wie sagt Johann Lafer? Die Erdbeere, mein liebstes Früchtchen! Von diesen wohlschmeckenden roten Beeren gibt es (ob man's glauben darf?) weit über 1000 verschiedene Sorten! Und ständig werden neue gezüchtet. Von diesen vielen Sorten schätzt Chefkoch Lafer zwei Sorten am meisten. Aber wer guckt schon auf spezielle Sorten beim Einkauf... Das wäre nun wirklich des Guten zuviel. Das Einfachste ist auch in diesem Fall wieder das Beste: Wenn die heimischen Erdbeeren auf dem Markt sind und die Preise anfangen zu purzeln, dann sollten Sie zuschlagen und sich ein paar Pfund schöne reife Erdbeeren kaufen. Mittlerweile gibt es Erdbeeren ja zu fast jeder Jahreszeit - aber vergleichen Sie doch mal den Geschmack der heimischen, frischen Produkte mit dem der Importware. Bis auf wenige Ausnahmen werden Sie feststellen, daß es da nun doch erhebliche Geschmacks-Unterschiede gibt.

Für 4 Personen

Zutaten:

400 g Erdbeeren

Zutaten Gratiniermasse:

4 Eigelb
60 g Puderzucker
8 cl Sekt
Schale und Saft einer halben unbehandelten Limette
80 g geschlagene Sahne

Zubereitung:

Erdbeeren in stehendem Wasser waschen, putzen und dann halbieren.
Eigelbe und Puderzucker gut schaumig schlagen. Sekt, Schale und Saft der Limette beigeben, glattrühren und dann die geschlagene Sahne unterheben.
Die Erdbeeren gleichmäßig auf den Tellern verteilen, mit der Gratiniermasse überziehen und im Backofengrill überbacken, bis die Oberfläche eine goldgelbe Farbe bekommt. Mit Puderzucker leicht bestäuben.
Als Beilage eignet sich bestens Erdbeersorbet, etwas Erdbeermark (Erdbeeren und Puderzucker durch ein feines Sieb gedrückt) und als Garnitur frische Minze oder Zitronenmelisse.

Weinempfehlung

Riesling Sekt, brut.

JULI

Geeiste Tomatensuppe

Alfred Klink

Tomaten können absolute Blender sein, das heißt, sie liegen auf irgendeinem Obststand herrlich prall und rot - und nachher auf dem Teller erweisen sie sich als geschmacklich fad, wässerig und alles andere als schmackhaft. Zu dieser Entwicklung hat der Verbraucher und sein Verhalten geführt. Immer dicker, immer roter, immer preiswerter sollen die Tomaten sein. Das Ende vom Lied und auch das von der Tomate: Die Züchter haben sich in vielen Ländern auf dieses Verbraucherverhalten eingestellt und produzieren sehr häufig nur noch nach kosmetischen Gesichtspunkten. Jede Hausfrau, die das Glück hat, einen eigenen Garten mit ein paar Tomatenstauden zu besitzen, wird jede Import-Tomate verschmähen, solange es frische aus dem Garten gibt. Weil die einfach am besten schmecken! Kleine Warenkunde: Die italienischen (San Marzano) und französischen Flaschentomaten haben ein intensives Aroma, auch heimische Produkte sind preiswert und saisonal frisch auf dem Markt zu haben. Kaufen Sie ruhig ein paar Sorten nebeneinander ein - probieren Sie, wählen Sie aus. Dann gibt es keine geschmacklosen Überraschungen - und die geeiste Tomatensuppe von Alfred Klink wird ein Gedicht.

Für 4 Personen

Zutaten:

ca. 2 kg Fleischtomaten - 1/3 deutsche, 2/3 französische Tomaten
100 ml Noilly Prat
Salz, frisch gemahlener Pfeffer
4 Champignonköpfe
1 Bd. Basilikum
Olivenöl, extra vergine

Zubereitung:

Tomaten ganz kurz blanchieren, in kaltem Wasser abschrecken und die Haut abziehen. Die Tomaten entkernen.
Den Noilly Prat in einer Pfanne auf die Hälfte reduzieren - dadurch verfliegt der gesamte Alkohol. Das Fleisch der Tomaten durch ein Haarsieb streichen, beziehungsweise passieren, den reduzierten Noilly Prat dazugeben und mit Salz und frischgemahlenem schwarzen Pfeffer abschmecken. Die Suppe auf Eis oder im Kühlschrank abkühlen lassen. Die Champignons putzen und in Stifte schneiden, Basilikumblätter waschen. Wenn die Tomatensuppe schön abgekühlt ist, die Suppe auf Tassen verteilen und zu jeder Portion ein paar Tropfen Olivenöl geben. Die Suppe mit den Champignonstiften und den frischen Basilikumblättern garnieren und servieren. Dazu paßt am besten frisches, geröstetes Stangenbrot.

Weinempfehlung:

Ein trockener Gutedel oder Sylvaner aus dem Markgräflerland.

Bodenseelachsforelle mit Frühlingszwiebeln

Albert Bouley

Die Frühlingszwiebel ist eine der ältesten und feinsten Zwiebelarten und von Mitte Juni bis Ende August auf jedem Markt preiswert zu finden. Die Frühlingszwiebel ist unaufdringlich in der Schärfe, würzig, aromatisch und hat einen subtilen Lauchton; außerdem ist sie wesentlich leichter verdaulich als ihre dicke, scharfe Schwester, die Zwiebel. Und gerade dieser dezente Charakter ist ideal für Gerichte, bei denen keine Geschmackskomponente die andere übertönen darf. So zum Beispiel bei Fisch, der zart gegart seine feinen Geschmacksnuancen offenbaren soll. Zusammen mit einer Lachsforelle, die natürlich tagesfrisch sein sollte, eine wunderbare Komposition, zumal sich das zarte Aroma der Frühlingszwiebel auch in der Sauce wiederfindet.

Für 4 Personen

Zutaten:

600 g Frühlingszwiebeln
25 g Butter
Salz
100 g Crème fraîche
Wasser oder Fischfond
1 Lorbeerblatt
1 Knoblauchzehe
einige Stiele Estragon
600 g Lachsforellenfilets
Salz, Zitronensaft

Zubereitung:

Das Frühlingszwiebelgrün von den kleinen, weißen Zwiebelchen abschneiden und gut waschen. Das Weiße in kleine Stiftchen schneiden und beiseite stellen. Das Grün kleinschneiden und in einem guten Stich Butter bei mittlerer Hitze kurz dünsten, danach leicht salzen. Den so entstandenen Dünstfond durch ein Sieb passieren und mit der Crème fraîche verrühren. Die Sauce beiseite stellen, aber nicht auskühlen lassen.

Bei diesem Rezept spielt der Schnellkochtopf eine wichtige Rolle: In den Topf etwas Wasser, das Lorbeerlaub, den Knoblauch und die Estragonstiele geben und darauf den Siebeinsatz mit den Forellenfilets setzen. Je nach Größe der Fischfilets ein bis zwei Minuten unter Druck garen. Nach dem Garvorgang den Deckel öffnen, den Fisch ausheben, salzen und mit etwas Zitronensaft beträufeln. Die Sauce kurz wärmen und abschmecken.

Zum Anrichten die Stifte vom Weiß der rohen Frühlingszwiebeln auf dem Teller wie ein Bett drappieren und mit der Sauce nappieren, die Lachsforellenfilets darauflegen. Möglichst rasch servieren.

Als Beilage passen in Butter geschwenkten Salzkartoffeln sehr gut.

Weinempfehlung:

Meersburger Weißburgunder.

Henriettes Mandelauflauf mit flambierten Sommerfrüchten

Johann Lafer

Es gibt manche Desserts, die schon größte Aufmerksamkeit erregen, wenn sie frisch aus dem Ofen kommen. "Henriettes Mandelauflauf", den Johann Lafer kreiert hat, ist so eins. Der ausgeprägte Duft von Mandeln und Mandellikör mit dem feinen Marzipanton versetzt sofort alle Poren des Gaumens in Alarmbereitschaft - dieser Auflauf ist schlicht unwiderstehlich. Die Liebe zu Mandeln beim Backen und bei Desserts hat Lafer übrigens aus seiner Heimat Österreich mitgebracht. Das ursprüngliche Rezept, das er abgewandelt und verfeinert hat, ist aus dem privaten Kochbuch einer alten Dame aus Graz. Henriettes Klassiker ist ein Knüller auf der Dessertkarte des Val d' Or. Unbedingt nachmachen!

Für 6 Personen

Zutaten:

1 Vanilleschote
25 g Zucker
1/8 l Milch
20 g Mehl
4 Eier
50 g gemahlene Mandeln
3 cl Amaretto
25 g Zucker

Zutaten Förmchen:

(6 St. à 8 cm Durchmesser)
25 g Butter
50 g Kristallzucker

Zutaten Sommerfrüchte:

90 g Zucker
1/4 l schwarzer Johannisbeersaft (Reformhaus)
1/8 l Rotwein
1 EL Honig
Saft v. 2 Orangen u. 1 Zitrone, abger. Schale derselben
500 g Sommerbeeren (Erdbeeren, Brombeeren, Himbeeren, Stachelbeeren, Johannisbeeren, schwarz und rot, etc.)
1 TL Zimt
2 cl Rum

Zubereitung:

Vanilleschote auskratzen. Das Mark, Zucker und Milch zum Kochen bringen. Ca. 4 Eßlöffel davon abnehmen, mit Mehl glattrühren und in die kochende Milch gießen. 1-2 Minuten unter ständigem Rühren leicht kochen lassen. Danach durch ein feines Sieb passieren, kaltstellen.
Nun die Eier trennen und die gemahlenen Mandeln in einer Pfanne goldbraun rösten. Eigelb, Amaretto und gebräunte Mandeln unter den ausgekühlten Vanillebrei heben.
Das Eiweiß mit 25 Gramm Zucker steifschlagen und ebenfalls vorsichtig unterheben.
Die Masse in die Förmchen, die vorher ausgebuttert und mit Zucker ausgestreut werden, füllen und im Wasserbad bei ca. 200 Grad C 40 Minuten im Ofen pochieren. (Die Förmchen sollen halbhoch im Wasserbad stehen, das Wasser dafür vorher aufkochen.)
Zucker in einer flachen Pfanne karamelisieren, mit Johannisbeersaft und Rotwein ablöschen, den Honig, Saft und abgeriebene Schale von Orange und Zitrone beigeben und bei mittlerer Hitze dickflüssig einkochen.
Sommerbeeren und Zimt dazugeben und leicht weiterdünsten, danach Rum über die heißen Früchte gießen und flambieren. Zu diesem Zeitpunkt sollte der Auflauf fertig sein, weil die heißen Früchte dazu serviert werden.

Hinweis:

Natürlich kann man auch nur eine Fruchtsorte verwenden, oder auf Tiefkühlfrüchte zurückgreifen.

Weinempfehlung:

Spätburgunder Weißherbst, Spätlese oder Auslese, gut gekühlt.

Kaninchensalat

Harald Wohlfahrt

Die besten Kaninchen - auf gut deutsch "Stallhasen" - bekommt man wohl durch private Beziehungen oder eben auf dem Markt. Das Kaninchen sollte frisch sein, also auf keinen Fall gefroren. Am besten schmecken Stallkaninchen, wenn sie nicht älter sind als ein Jahr. Das Tier sollte am Tag vorher geschlachtet sein. Kaninchenfleisch braucht nicht abhängen, wenn man ein junges Tier hat. Ganz wichtig hierbei wieder: Die Sorgfalt, die ihr Metzger oder Händler walten läßt. Bei einem schlachtfrischen Kaninchen gehören Kopf und Innereien dazu. Gerade die Kaninchenleber ist mit das wohlschmeckendste, was man überhaupt an Innereien bekommen kann. Bei unseren Nachbarn in Frankreich wird Kaninchenleber in der Charcuterie sogar separat angeboten. Diese Lebern entwickeln aber nur dann ihren optimalen Geschmack, wenn sie auf mittlerer Hitze sehr kurz in der Pfanne gebraten und erst nach dem kurzen Garen sehr zart gewürzt werden. Um Himmelswillen kein Salz an die rohe Leber, weil sie sonst sofort hart wird. Die Farbe nach dem Garen sollte intensiv rosa sein. Als Beilage zum Salat wird sie lauwarm serviert.

Für 4 Personen

Zutaten:

ein junges, schlachtfrisches Stallkaninchen von etwa 800 Gramm mit Innereien
Öl, Dijonsenf
Salbei
feines Paniermehl (Mie de Pain)
4 EL Balsamicoessig
Salz, Pfeffer
1/2 Bd. Schnittlauch
250 g Champignons
Butter
1 Schalotte, gehackt

Zutaten Salatmarinade:

0,2 l Consommé oder Kalbsfond
1 EL Balsamicoessig
1 TL Trüffelfond (Wasser der Trüffelkonserven)
2 EL Distelöl
2 EL Walnußöl
Salz, Pfeffer, Zucker
1 TL Dijonsenf

Zutaten Salat:

Eichblatt, Chicorée, Radicchio, Brunnenkresse, Kerbel, zwei Artischockenböden
20 Gänseleberwürfel zum Garnieren

Zubereitung:

Am Tag vorher das Kaninchen vom Metzger auslösen lassen (Rücken, ein Schenkel), die Knochen hacken lassen. Für die Glace die Knochen mit derselben Menge Fond-Gemüse (Karotten, Sellerie, Schalotte, Lauch) rösten, mit Riesling ablöschen, reduzieren, mit Wasser auffüllen und bis auf 0,3 Liter Flüssigkeit einkochen lassen. Absieben, entfetten, kaltstellen.

In einer kleinen Kasserolle zuerst den Kaninchenschenkel von allen Seiten anbraten, nach sechs Minuten die Rückenstücke mit anbraten, nach weiteren vier Minuten alles Fleisch herausnehmen und ruhen lassen. Leicht mit Senf bestreichen und etwas kleingehackten Salbei und Mie de pain darüberstreuen. Die so vorgerichteten Fleischstücke im Grill oder Salamander gratinieren, bis sie eine schöne, braune Farbe haben.

Für die Glace vier Eßlöffel Balsamico-Essig in einer Pfanne um ein Drittel reduzieren, mit dem Kaninchenfond auffüllen, mit Salz und Pfeffer abschmecken, feingeschnittenen Schnittlauch dazugeben, bereitstellen.

Die geputzten Champignons kurz in Schalottenbutter anschwenken, würzen, bereitstellen.

Zubereitung Salatmarinade:

Alle Zutaten für die Salatmarinade vermischen, die gewaschenen und trockengeschleuderten Salate darin marinieren und auf den Tellern ein hübsches Salatbukett anrichten.

Das Kaninchenfleisch aus dem Salamander nehmen, kurz ruhen lassen. Gehäutete Leber und Nieren vom Kaninchen

Bitte umblättern

kurz durch heiße Butter schwenken (1 bis 2 Minuten),erst dann vorsichtig salzen und pfeffern.
Die Champignons zum Salat geben, die halbierten Nierchen und die geviertelte Leber auf die Teller verteilen, das Kaninchenfleisch in nicht zu dicke Scheiben schneiden und auf dem Salat verteilen. Das Fleisch mit der vorbereiteten Glace nappieren und mit den Gänseleberwürfeln garnieren.

Weinempfehlung:

Badischer Grauburgunder, trocken, aus der Ortenau.

AUGUST

Gefüllte Tomaten

Johann Lafer

Auch Sterne-Köche grillen ab und zu zuhause. Aber - wie gesagt - Sterne-Köche machen alles immer irgendwie ein bißchen anders. Deshalb ist die gefüllte Tomate, die Johann Lafer zubereitet, nicht irgendeine Grilltomate - sondern eine ganz spezielle, sehr delikate Beilage für ausgedehnte Grillabende draußen im Freien. Denn immer nur Fleisch auf dem Grill und Stangenbrot dazu, wird auf die Dauer ein wenig langweilig. Diese gefüllten Tomaten sind übrigens ganz hervorragend vorzubereiten, so daß, so gut wie keine Arbeit mehr ist, wenn das Grillen beginnt. Man kann die Grilltomaten auch in Alufolie verpackt mitnehmen und beim Grillfest von Freunden als außergewöhnliche Beilage beisteuern. Die Füllung besteht aus Pilzen und Kartoffeln.

Für 4 Personen

Zutaten:

6 Tomaten
150 g Kartoffeln, kleinwürfelig geschnitten
10 Champignons, kleinwürfelig geschnitten
3 EL Olivenöl
Salz, Pfeffer
1 kl. Zwiebel, fein geschnitten
1 Knoblauchzehe, zerdrückt
3 Zweige Thymian
6 EL Weißbrotwürfel
Zum Einreiben der Folie:
Butter
Thymian
Salz, Pfeffer
1 zerdrückte Knoblauchzehe

Zubereitung:

Tomaten mit dem Schaumlöffel kurz in heißes Wasser tauchen, abschrecken und die Haut abziehen. Den Deckel abschneiden und zur Seite legen. Tomaten aushöhlen.
Kartoffelwürfel in heißem Olivenöl anbraten und wenn diese zu bräunen beginnen, Champignonwürfel mit anrösten. Nun Knoblauch, Zwiebelstreifen und Thymian zugeben. Zum Schluß die Weißbrotwürfel unterrühren, kurz mitrösten und mit Salz und Pfeffer abschmecken.
Die Masse in die Tomaten füllen und mit dem Deckel verschließen.
Alufolie mit Butter einreiben und in gleichgroße Stücke schneiden (Größe der Folie richtet sich nach der Größe der Tomaten, sie müssen ganz umhüllt sein). Etwas Thymian, Salz, Pfeffer und Knoblauch auf die Butter geben. Die Tomaten einzeln in die Folie einwickeln und für ca. 10 Minuten auf den Grill legen.

Weinempfehlung:

Trockener Müller-Thurgau.

Pochiertes Rinderfilet mit Sommergemüsen

Harald Wohlfahrt

Pochieren - wieder ein Fachausdruck der großen Küche, entliehen in Frankreich. Dieser Begriff hat sich wohl deshalb auch langsam in Deutschland eingebürgert, weil er viel besser beschreibt, was im Topf vor sich geht, als der Begriff "Kochen". Beim Kochen stellt man sich einen Topf mit hoch aufwallendem Wasser oder Brühe vor. Beim Pochieren eben nicht. Hier hat die Brühe oder das Siedewasser zwar auch eine recht hohe Temperatur, aber die Oberfläche der Flüssigkeit wallt nicht auf. Ziel hierbei ist es, einen optimalen Garpunkt zu finden. Und mit zu hohen Temperaturen wäre der zu schnell überschritten. Das würde Fleisch zum Beispiel sehr schnell trocken werden lassen. Den Garpunkt, also die Farbe des Fleisches, können Sie nach dem Rezept von Harald Wohlfahrt selber bestimmen - denn zu rosa oder sogar roh ist nicht jedermanns Geschmack.
Diese Garmethode war übrigens auch schon den Chinesen bekannt - seit ein paar tausend Jahren. Das sogenannte Fondue Chinoise, bei dem verschiedene Fleischsorten portionsweise in Brühe in einem Topf gegart werden, ist so etwas ähnliches.

Für 4 Personen

Zutaten:

500 g Rinderfilet
1 Kräuterbündel (Lauch, Thymianzweig, Lorbeerblatt, Staudensellerie)
2,5 l Rinderbrühe
2 Bd. Lauchzwiebeln
2 Bd. junge Karotten mit Kraut
20 junge Kaiserschoten
12 grüne Spargelspitzen
12 Kartoffelkugeln (mit dem Parisiennemesser ausgestochen)
12 Kirschtomaten

Zutaten Sauce:

1/2 l Pochierbrühe
150 g Butter
1 Bd. Schnittlauch
Salz, Pfeffer a.d. Mühle

Zubereitung:

Das Filet von Haut und Sehnen befreien.
In der heißen Brühe mit dem Kräuterbündel je nach Dicke 20 - 25 Minuten pochieren und in Alufolie einschlagen.
Nebenbei die Gemüse putzen, waschen, blanchieren.
Die Kartoffelkugeln ebenfalls blanchieren. Die Kirschtomaten abziehen.

Zubereitung Sauce:

Einen halben Liter des Pochierfonds auf die Hälfte der Flüssigkeit einkochen lassen, mit der kalten Butter den Sud binden. Mit Salz und Pfeffer aus der Mühle abschmecken.
Die vorbereiteten Gemüse in dem Sud erhitzen, den feingeschnitten Schnittlauch in Röllchen dazugeben.
Die Gemüse mit dem Sud auf Teller verteilen. Das Filet in Scheiben aufschneiden und darauf anrichten.

Weinempfehlung:

Leichter Rotwein, ein Spätburgunder, trocken, aus Baden.

Gebeiztes Kalbfleisch mit Rettichsprossen

Albert Bouley

Das Kalbfleisch ist schon vor Jahren ins Gerede gekommen. Doch die unverantwortliche Hormonspritzerei ist mittlerweile größtenteils von den Behörden gestoppt worden. Man kann sich aber von der eher industriellen und oft nicht tiergerechten Produktion von Kalbfleisch unabhängig machen! Immer mehr junge Bauern und Landwirte züchten hochwertige Kälber, die nicht dumpf in kleinen Boxen bis zum Schlachttag vor sich hinvegetieren müssen. Diese "Öko-Bauern" sorgen für genug Freilauf der Tiere, füttern zuerst mit der Milch der Mutterkuh und schon nach wenigen Tagen mit Rauhfutter. Das Fleisch von diesen Tieren hat keine unnatürliche rosa Farbe, ist aber auch nicht so aufgeschwemmt. Grund: Das natürliche Wachstum ist nicht beschleunigt worden. Dieses Fleisch hat allerdings seinen Preis. Und: Man muß gründlich recherchieren, um an die Adressen der Bauern zu kommen (Zeitungsannoncen, Metzger, Küchenchefs, Öko- oder Bioläden). Wer die Mühe und den Preis akzeptiert, wird belohnt - mit hochwertigem Kalbfleisch und einem guten Gewissen.

Für 4 Personen

Zutaten Marinade:

1 Zwiebel
1 Karotte
1 Knoblauchzehe
einige schwarze Pfefferkörner
1 Nelke
1/4 Lorbeerblatt
1/4 l Weißwein

Zutaten Kalbsfilet:

600 g Kalbsfilet
1 EL Öl
1 TL Butter
Salz und Pfeffer

Zutaten Gemüse:

100 g frische Rettichsprossen (Reformhaus oder Feinkosthandel)
etwas Butter
Zum Garnieren:
Frische Salate der Saison

Zubereitung:

Am Tag vorher die kleingeschnittene Zwiebel, Karotte, gehackten Knoblauch, zerdrückte Pfefferkörner, Nelke, Lorbeerblatt und Weißwein zu einer Marinade verrühren.
Das gut gehäutete und parierte Kalbsfilet am Stück in dieser Marinade an einem kühlen Ort mindestens 16 Stunden marinieren lassen und dabei öfter wenden.
Das Kalbsfilet herausnehmen, gut trockentupfen, leicht salzen und pfeffern und in Öl kräftig anbraten. Das Fleisch soll auf jeden Fall innen ganz rosa und auf keinen Fall durchgebraten sein. Nach dem Bratvorgang das Fleisch mindestens 20 Minuten an einem warmen Ort ruhen lassen, damit sich der Saft verteilen kann.
Die Marinade absieben und beiseite stellen, die Marinaden-Gemüse und -Gewürze kräftig durchpassieren, in etwas Butter anschwenken und nach und nach immer wieder mit der Marinaden-Flüssigkeit ablöschen; auf etwa die Hälfte einkochen lassen. Eventuell am Schluß mit Salz und Pfeffer abschmecken.
Die Rettichsprossen in einer zweiten Pfanne kurz in Butter braten - das geschieht in zwei Minuten. Das Kalbsfilet in nicht zu dicke Scheiben schneiden. Zum Schluß die Rettichsprossen lauwarm auf einem Teller dekorativ anrichten und die Scheiben vom Kalbsfilet darauf verteilen. Die reduzierte Marinade rundum angießen und servieren. Mit frischen Salatblättchen garnieren.

Weinempfehlung:

Ein trockener Spätburgunder Rotwein aus der Ortenau.

WALDHORN RAVENSBURG

Buttermilch-Mousse mit Himbeeren

Alfred Klink

Bei vielen Köchinnen und Köchen daheim hört der Spaß auf, wenn in einem Rezept Gelatine auftaucht. Dann wird oft von "Quatsch" und "unnatürlichem Schnick-Schnack" gesprochen und das Kochbuch wieder zugeklappt. Falsch! Gelatine ist ein natürliches Produkt und wird aus Knochen gewonnen. Es hat einzig und allein die Aufgabe, flüssigen oder dickflüssigen Massen, wie Fonds und Brühen, eine festere Konsistenz zu verleihen. Diese Funktion hat nicht nur "kosmetische" Gründe, sondern auch einen ungemein praktischen Nutzen: Die Buttermilchmousse zum Beispiel wird im Kühlschrank durch die abbindende Gelatine so wunderbar cremig und fest, daß man sie mit einem Löffel in dicken Nocken abstechen und auf den Teller geben kann. Ohne Gelatine keine Terrinen, keine Sülzen und andere Herrlichkeiten. Statt der Gelatine gehört viel eher das Mehl als Saucenbinder aus der Küche verbannt, denn da gibt es bessere und wohlschmeckendere Ersatzprodukte.

Für 4 Personen

Zutaten Mousse:

250 g Buttermilch
35 g Zucker
2 Blatt Gelatine
Saft einer Limone
190 g geschlagene Sahne
200 g Himbeeren z. Garnieren

Zutaten Orangenmandelblätter:

50 g Zucker
30 g Mandelgrieß (fein gemahlene Mandeln)
15 g Mehl, 3 cl Orangensaft
30 g flüssige Butter

Zutaten Saucenspiegel:

300 g Himbeeren
2-3 EL flüssige Sahne

Zubereitung Buttermilch-Mousse:

Den Zucker gut in der Buttermilch verrühren. Die Gelatine in wenig Wasser einweichen, ausdrücken. Den erwärmten Saft der ausgepreßten Limone dazugeben, vermischen und unter die Buttermilch rühren. Im Kühlschrank vorkühlen.
Die Sahne schlagen und unter die Buttermilch heben. Wieder in den Kühlschrank stellen und 4 Stunden durchkühlen lassen.

Zubereitung Orangenmandelblätter:

Für die Orangenmandelblätter alle Zutaten gut verrühren und 30 Minuten ruhen lassen. Den Ofen auf 280 Grad C vorheizen, ein Backblech sehr großzügig einbuttern. Die Orangen-Mandel-Masse dünn auf das Backblech streichen und goldbraun ausbacken. Das geht sehr schnell! Die Orangenmandelblätter danach mit einem Spachtel vorsichtig vom heißen Blech lösen und portionieren. Beiseite stellen.
Für den Saucenspiegel die Himbeeren im Mixer ohne Zucker pürieren, nach Geschmack vielleicht mit etwas Himbeergeist aromatisieren. Das Fruchtmark durch ein Sieb streichen und nach und nach die flüssige Sahne einrühren. Dadurch wird die Farbe der Fruchtsauce etwas heller, ein wenig milder und hebt sich so farblich und geschmacklich von den ganzen Früchten auf dem Teller ab.

Anrichten:

Zum Anrichten das Himbeermark als Fruchtspiegel auf den Teller geben, mit einem Löffel je eine Nocke der Mousse ausstechen und auf den Teller geben, mit einem Orangenmandelblatt garnieren und die frischen Himbeeren dekorativ darauf verteilen. Man kann den Teller noch mit Puderzucker bestäuben oder mit Vanillesauce oder Joghurt kleine Muster in den Fruchtspiegel einziehen.

Weinempfehlung:

Eine badische Scheurebe, Auslese, oder ein Eiswein; beide gut gekühlt.

SEPTEMBER

Rehleber mit Schwarzen Johannisbeeren

Albert Bouley

Eine frische Rehleber zu bekommen, ist schwieriger, als der schlafenden Schwiegermutter die Ohrringe zu stehlen. Traditionell gehören nämlich die Innereien und die Trophäe eines erlegten Rehs oder eines Stück Hischwildes dem Schützen, also dem Erleger, das übrige Wildfleisch dem Jagdherrn. Und jeder Jäger schätzt das sogenannte "kleine Jägerrecht" als seltene Delikatesse. Man muß also den Kontakt zu einem Jäger oder Förster suchen; oder zu einem Metzger, der regelmäßig von Jägern mit frischem, heimischen Wild beliefert wird. Die Jagdzeit für Rehböcke geht von Mitte Mai bis Ende September, weibliches Rehwild wird von September bis Januar bejagt. Wichtig: Wenn Sie eine Rehleber vorbestellen, bitten Sie den Jägersmann, sofort (!) nach dem Schuß anzurufen. Denn am besten schmeckt eine Rehleber, wenn sie nur wenige Stunden alt ist. Zuhause dann in der Küche die Haut von der Leber säuberlich abziehen - das geht mit einem kleinen scharfen Messer sehr schnell -, das Fleisch gut abwaschen und säuberlich trockentupfen. Ganz wichtig: Die Leber muß nach dem Garen innen noch zart rosa sein! Der Geschmack dieser seltenen Delikatesse ist dann unvergleichlich. In Baden werden oft Herz, Nieren und Leber vom Reh geschnetzelt, in der genannten Reihenfolge kurz durch Butter geschwenkt, mit Schalotten, einer Spur Essig, Rotwein und Rahm verfeinert und als "Saure Rehleber" zubereitet. Dazu gibt es traditionell handgeschabte Spätzle.

Für 4 Personen

Zutaten:

2 dl Rotwein
2 dl Johannisbeersaft
400 g Rehleber
1 Apfel
etwas Zitronensaft
Butter zum Braten,
Salz,
eiskalte Butterstückchen

Zubereitung:

Den Rotwein und den Johannisbeersaft in einer großen Pfanne auf die Hälfte reduzieren, die Leber säuberlich enthäuten und in nicht zu dicke Scheiben schneiden. Achten Sie darauf, daß alle Leberscheiben die gleiche Dicke haben, damit sie gleichzeitig gar werden.
Den Apfel schälen, hübsche Perlen daraus ausstechen und kurz in heißem Wasser blanchieren. Die Apfelkügelchen abgießen und mit etwas Zitronensaft beträufeln, damit die Apfelperlen nicht braun werden, und zur Seite stellen.
Die Leberscheiben in heißer Butter auf jeder Seite kurz anbraten und erst dann vorsichtig salzen. Nie rohe Leber salzen, denn sie wird sofort hart! Der Bratvorgang dauert auf mittlerer Hitze meist nicht länger als insgesamt drei oder vier Minuten. Wenn die Leberscheiben innen noch zart rosa sind (Anschnitt-Test), das Fleisch sofort aus der Pfanne nehmen, auf Küchenkrepp kurz abtropfen lassen und warmstellen. Jetzt muß alles sehr flott gehen: Den Bratensatz in der Leberpfanne mit der Reduktion aus Rotwein und Johannisbeersaft ablöschen, kurz einkochen und mit der eiskalten Butter binden (das geht am besten mit einem Mixer oder Zauberstab, zur Not mit dem Schneebesen). Wenn die Sauce fertig ist, davon appetitliche Spiegel auf vorgewärmte Teller gießen und die Leberscheiben in Fächern daraufsetzen. Mit den Apfelperlen und frischen Johannisbeeren garnieren und sofort servieren.
Dazu paßt Kartoffelpüree - selbstgemacht natürlich, mit einem Hauch Muskat und einem Schuß frischer Sahne.

Weinempfehlung:

Waldulmer Spätburgunder;
Hex vom Dasenstein, trocken.

Steinpilzravioli mit Gemüsen der Saison

Alfred Klink

Der September ist ein absoluter Monat für Gourmets, die sich bei Pilzen auskennen. Außer in Bayern, Baden-Württemberg und den Mittelgebirgen ist es aber teilweise schwierig, frische Pilze zu bekommen. Deswegen haben auch die Hersteller von Dosenpilzen gigantische Umsätze. In den letzten Jahren hat sich aber das Angebot auf Märkten und auch in gut sortierten Kaufhäusern gebessert. Neben frischen Zuchtchampignons, Austernpilzen und Pfifferlingen gibt es manchmal auch frische Steinpilze. Vorteil beim Steinpilz: Anders als andere Pilzsorten nimmt er weniger Schadstoffe aus dem Boden auf. Wenn Sie also auf dem Markt frische Steinpilze entdecken, versuchen Sie, Ihre Ware selbst auszusuchen. Verschmähen Sie die riesengroßen Pilze, deren Hut-Unterseite schon gelblich und porös ist. Achten Sie auf Wurmlöcher. Am besten schmecken die Steinpilze, die die Größe eines Daumens haben. Beim Aroma können Sie übrigens auch ruhig mit 10 Gramm getrockneten Steinpilzen nachhelfen, die Sie in lauwarmem Wasser einweichen und nachher zur Füllung der Ravioli geben.

Für 4 Personen

Zutaten Nudelteig:

250 g Mehl
1 Eigelb
1 Ei
1 TL Sonnenblumenöl
Salz

Zutaten Füllung:

60 g Steinpilze
1 EL gehackte Zwiebeln
1 TL Speck (in Würfel geschnitten)
10 g Butter
1 EL leicht geröstetes Weißbrot
10 g braune Butter
1 Ei
1 EL gehackte Kräuter
Salz und Pfeffer a.d. Mühle

Zutaten Gemüse:

Gemüse der Saison wie Kirsch- oder Strauchtomaten, Kohlrabi, Rübchen

Zubereitung Nudelteig:

Alle Zutaten zu einem Teig verarbeiten, kneten bis er sich leicht von den Händen löst. In eine Klarsichtfolie einpacken und eine halbe Stunde ruhen lassen.

Zubereitung Füllung:

Geputzte, fein geschnittene Steinpilze zusammen mit dem Speck und den Zwiebeln in der Butter andünsten, danach die Weißbrotwürfel, die braune Butter, Ei und die gehackten Kräuter zufügen und mit Salz und Pfeffer abschmecken.

Fertigstellung:

Den Nudelteig dünn ausrollen, halbieren und mit Wasser rundherum einpinseln. Aus der Füllung kleine Häufchen formen und auf dem Teig verteilen.
Mit der zweiten Teigplatte abdecken. Mit einem Zackenrad ausschneiden. In reichlich Salzwasser mit etwas Öl ca. vier bis fünf Minuten langsam garen.

Zubereitung Gemüse:

Tomaten blanchieren, die Haut abziehen, Kohlrabi in mundgerechte Stückchen schneiden, die Rübchen tournieren, beide Gemüse kurz blanchieren und dann in Butter schwenken.
Paßt zu allen Wildgerichten wie Rehkotelett, Fasanenbrust oder auch Kalbsbriesmedaillon.

Weinempfehlung:

Grauburgunder; Weißherbst; kräftiger Weißburgunder Spätlese.

Warme Apfeltarte mit Karamelroyal und Vanilleeis

Harald Wohlfahrt

Es gibt hunderte von Apfelsorten. Und deshalb auch riesengroße Unterschiede. Viele Apfelsorten sehen makellos aus, haben aber viel weniger Aroma, als ihre vielleicht kleinen und unansehnlichen Verwandten. Auch hier gilt wieder der Küchengrundsatz: Nicht allein das Aussehen der Rohprodukte ist wichtig, sondern in erster Linie der Geschmack. Selbst hat man ja schon häufig die Erfahrung gemacht, daß der Apfelkuchen mit den kleinen, fleckigen Äpfeln viel besser und fruchtiger geschmeckt hat, als der mit den Äpfeln, die aussahen, als kämen sie aus dem Kosmetik-Salon. Bei unserem Rezept von Harald Wohlfahrt ist Granny-Smith ein durchaus akzeptabler Kandidat oder Boskop - falls beide nicht verfügbar sind, kaufen Sie ruhig eine andere Sorte, die gerade von einem Bauern oder Händler auf dem Markt frisch angeboten wird. Bitten Sie doch einfach beim Einkauf um ein Probierstück. Sie werden sehen: Diesen Probierhappen wird Ihnen niemand verwehren, wenn er danach ein paar Pfund oder Kilo Äpfel verkauft.

Für 4 Personen

Zutaten Apfelfüllung:

1 großer Boskopapfel
80 g Butter
130 g Zucker
Saft von einer Zitrone
4 cl Calvados
1 Ei
2 Eigelb
180 g flüssige Sahne
150 g Blätterteig

Zutaten Sauce:

4 gehäufte EL Crème fraîche
30 g Puderzucker
4 cl Calvados
Saft einer halben Zitrone

Vanilleeis

Zubereitung Apfelfüllung:

Den Apfel schälen, vierteln, das Kerngehäuse herausschneiden und das Fruchtfleisch in 12 Stücke schneiden. Die Schalen in ca. 4 cm lange Stifte schneiden. Die Butter zusammen mit Zucker und dem Zitronensaft karamelisieren, Apfelstücke dazugeben, 2–3 Minuten glasieren, mit dem Calvados ablöschen, alles auf ein Sieb geben und die Flüssigkeit abtropfen lassen. Den abgetropften Karamelsaft mit Ei und Eigelb, sowie der Sahne verrühren und durch ein Sieb passieren.

Zubereitung Tartes:

Den Blätterteig dünn ausrollen, vier kleine Förmchen damit auslegen, mit Alufolie und getrockneten Linsen bedeckt bei 200 Grad C ca. 15 Minuten blind backen.
Nach dem Backen Linsen und Folie entfernen und die Törtchen erkalten lassen. Die vorbereiteten Apfelstücke, jeweils drei Stück, in die Form geben, mit Karamelflüssigkeit bedecken und im 160 Grad C heißen Backofen ca. 15 Minuten stocken lassen.

Zubereitung Sauce:

Crème fraîche zusammen mit dem Puderzucker, Calvados und Zitronensaft verrühren und auf vier Tellern verteilen. Apfeltartes darauf anrichten, mit dem Vanilleeis und den Apfelstiften der Schale garnieren.

Weinempfehlung:

Ruländer Beerenauslese, gut gekühlt.

REHRAGOUT MIT PFIFFERLINGSKNÖDEL

Johann Lafer

Der Pfifferling ist ein sehr edler Speisepilz - in der Hitliste der bundesdeutschen Arten an Platz zwei nach dem Steinpilz. Beim Pfifferling - und gerade bei diesem Pilz - muß man ganz bestimmte Grundsätze beachten; das Wichtigste, auch wenn's komisch klingt: Die Pfifferlinge um Himmelswillen nicht waschen. Dadurch verliert dieser empfindliche Schmarotzer seinen Duft und büßt auch einen Großteil seines Geschmacks ein. Außerdem zieht er Wasser. Um Pfifferlinge zu putzen, braucht man ein kleines Küchenmesser und ein sauberes Küchentuch. Wenn das untere Stielende des Pilzes weich und braun ist, wird es abgeschnitten. Den Kopf mit dem Tuch abreiben, braune und verschmutzte Stellen mit dem Messer abschaben - fertig. Gut, das erfordert viel Zeit - mindestens eine Viertelstunde für ein Pfund Pfifferlinge. Aber der Geschmack nachher beim Essen belohnt die Arbeit. Das Aroma der Pfifferlinge ist vollkommen, die Konsistenz knackig und nicht matschig.

Für 6 Personen

Zutaten Rehragout:

1100 g Rehfleisch, am besten Schulterfleisch ohne Sehne und Häute
1 EL Mehl
ca. 4 EL Pflanzenöl
1 gr. Zwiebel
2 Karotten
1/4 Sellerieknolle
1 Lauchstange
200 g Champignons
1/4 unbehandelte Zitronenschale, nur das Weiße
2 Nelken
5 Pfefferkörner
2 Lorbeerblätter
ca. 8 zerdrückte Wacholderbeeren
1/2 EL Tomatenmark
0,4 l Rotwein
0,2 l Johannisbeersaft
0,4 l Rinderbrühe (besser noch Wildfond)
1 EL schwarzes Johannisbeergelee
Salz und Pfeffer
1/2 EL Speisestärke
3 EL Wasser

Zutaten Einlage:

1 EL Zucker
20 g Butter
200 g geschälte Perlzwiebeln
1/4 l Rotwein

Zutaten Pfifferlingsknödel:

2 EL Schalotten, fein gewürfelt
2 EL Rauchfleisch, fein gewürfelt
etwas Öl zum Braten
80 g Pfifferlinge
80 g Weißbrot ohne Rinde (in Würfel geschnitten)
etwas Milch, 2 Eigelb
1 EL gehackte Petersilie
50 g Butter, schaumig geschlagen
Salz, Pfeffer, Muskat

Zubereitung Rehragout:

Das Rehfleisch in mundgerechte Würfel schneiden und mit Mehl bestäuben.
Öl in einer hohen, beschichteten Pfanne erhitzen. Fleisch von allen Seiten gut anbraten. Zwiebel, Karotten, Sellerie und Lauch in grobe Würfel schneiden, in die Pfanne geben und mitrösten, Champignons vierteln, ebenfalls mitrösten.
Zitronenhaut, Nelken, Pfefferkörner, Lorbeerblätter und zerdrückte Wacholderbeeren sowie das Tomatenmark beigeben, öfter umrühren. Nicht mehr zu stark rösten, da die Sauce sonst bitter wird.
Mit Rotwein, Johannisbeersaft und Brühe oder Wildfond ablöschen. 45 - 55 Minuten schmoren lassen, bis das Fleisch weich ist. Die Fleischstücke mit einem Schaumlöffel aus dem Sud nehmen und in einem anderen Topf warmhalten. Den Fond mit Gemüsen und Gewürzen durch ein feines Sieb drücken, wieder aufkochen.
Schwarzes Johannisbeergelee beigeben, einkochen und mit Salz und Pfeffer abschmecken. Über das Rehfleisch gießen, aufkochen

Bitte umblättern

lassen und nochmals abschmecken.
Speisestärke in Wasser glattrühren und wenn nötig, das Rehragout damit binden.

Zubereitung Einlage:

Zucker in einer Pfanne hellbraun schmelzen. Butter und Perlzwiebeln beigeben und sofort mit Rotwein ablöschen. Sehr stark einkochen lassen, bis die Perlzwiebeln richtig weich sind und einen schönen Glanz erhalten. Mit Salz und Pfeffer abschmecken und zu dem Rehragout geben.

Zubereitung Pfifferlingsknödel:

Schalotten und Rauchfleischwürfel in etwas Öl in einer Pfanne anschwitzen. Pfifferlinge putzen, grob würfeln und mitbraten.
Weißbrot, Milch, Eigelb und Petersilie, Salz, Pfeffer und Muskat und zum Schluß die schaumig geschlagene Butter zu den Pfifferlingen geben. Alles gut verrühren, in den Kühlschrank stellen und ca. 1 Stunde ziehenlassen.
Danach kleine Knödel formen und in Salzwasser 10 Minuten bei schwacher Hitze garziehen lassen.

Beilagenempfehlung:

Kleine Karotten, Preiselbeeren und eventuell Pfifferlinge in Kräuterrahm.

Weinempfehlung:

Hex vom Dasenstein, Spätburgunder Rotwein, trocken.

OKTOBER

★ ★ ★

Herbstlicher Gemüseeintopf mit Lammfilet

Albert Bouley

Vergessen Sie einmal für einen Moment alles, was Sie über einen guten Eintopf gehört haben. Vergessen Sie Rindfleisch und denken Sie an Lamm. Eines der ganz wenigen Eintopf-Rezepte, das mit Lammfleisch gemacht wird, ist unter dem Namen "Irish Stew" bekannt, wird aber eigentlich mit Hammel, also dem ausgewachsenen Schaf zubereitet. Es schmeckt himmlisch. Wenn Sie Fan von Lammfleisch sind, machen Sie sich ein bißchen Mühe. Sie können natürlich einen fertigen Lammfond kaufen - damit gelingt dieses herbstliche Eintopfgericht famos. Noch besser: Sie kaufen Lammfleisch vom Hals und ein paar Lamm- oder Hammelknochen und machen daraus, ähnlich wie mit Rindfleisch, eine kräftige Brühe. Die Brühe bitte kaum würzen - das geschieht nachher, wenn Sie darin die Gemüse gargekocht haben. Die Lammfilets wie immer beim Eintopf nach dem kurzen Garen im Topf (rosafarben und zart sollen sie sein!) in kleine Happen schneiden. Geschmacklich kaum zu übertreffen ist das Lammfleisch aus Schottland, wo die Schafe das ganze Jahr über draußen an der frischen Luft sind und natürliche Nahrung im Überfluß haben. Geröstetes Bauernbrot, mit milder Kräuterbutter bestrichen, ist eine leckere Ergänzung.

Für 4 Personen

Zutaten:

1 Bd. Suppengemüse
1 l Lamm- oder Rinderfond
1 Knoblauchzehe
1 Lorbeerblatt
1 Zweig Thymian
Gemüse-Einlage:
3 Möhren
200 g Kartoffeln
200 g grüne Bohnen
8 kleine Lammfilets
1 Bd. glattblättrige Petersilie
200 g Staudensellerie

Zubereitung:

Den Bund Suppengemüse im Fond mit den Gewürzen, also mit Knoblauch, Lorbeer und Thymian in den Schnellkochtopf geben, kurz aufkochen lassen, abschäumen und zehn Minuten unter Druck kochen. Den aromatisierten Fond absieben, wieder in den Drucktopf füllen. Jetzt das in kleine Würfel geschnittene Gemüse und die Lammfilets dazugeben und zwei Minuten unter Druck garen.

In der Zwischenzeit die Petersilie waschen und zupfen, genauso mit dem Staudensellerie verfahren. Die Lammfilets ausheben, in mundgerechte Stücke schneiden und zurück in die Suppe geben. Den Suppentopf mit geöffnetem Deckel noch einmal kurz aufkochen lassen, die Kräuter dazugeben und den Eintopf in vorgewärmten Suppentellern anrichten.

Dazu frisches, zuvor kurz geröstetes Bauernbrot servieren.

Weinempfehlung:

Badisch Rosé, trocken; Spätburgunder Weißherbst, trocken; Spätburgunder Rotwein, trocken. Es passen auch alle trockenen Weißweine, mit Ausnahme vom Riesling.

Rehmedaillons mit Wirsingspätzle

Alfred Klink

Die Mischung von Teig mit Gemüse - das ist ein uralter und sehr schmackhafter Trick in der Küche. Angefangen haben damit vor ein paar hundert Jahren die Italiener. Noch heute werden in Italien Spinat- oder Tomaten-Nudeln hergestellt. Das geht ganz einfach, indem man gegartes oder leicht vorgegartes püriertes Gemüse unter den Nudelteig mischt, daraus Nudeln formt und das Ganze genauso behandelt wie Nudel pur. Natürlich haben kreative Köche in ganz Europa immer wieder versucht, sich einen neuen Trick mit der Nudel und irgendeiner Zutat einfallen zu lassen. So gibt es mittlerweile Steinpilz- oder Trüffelnudeln sogar in manchen Feinkostgeschäften zu kaufen. Alfred Klink bleibt bei seinem Rezept allerdings sehr bodenständig und verwendet auch hier wieder saisonal frisches Gemüse, diesmal also Wirsing. Ein Gemüse, mit dem man nun wirklich fast alles anstellen kann.

Für 4 Personen

Zutaten Rehmedaillons:

700 g ausgel. Rehrückenfilet
Salz und Pfeffer
20 g Butter zum Braten
1 cl Cassis (Johannisbeerlikör)
0,6 l Wildfond, Seite 116
oder aus dem Glas
20 g eiskalte Butter für die Sauce

Zutaten Spätzleteig:

250 g Mehl
6 Eier, Salz

Zutaten Wirsing:

40 g Wirsingstreifen
30 g Gemüsewürfel: Karotten, Zucchini, Petersilienwurzel
20 g Butter
1 EL Rinderbrühe
125 ml Sahne
1 EL Crème fraîche
Salz, Muskat
ein wenig geriebener Käse
Zum Anrichten:
Birnenfächer, Butter

Zubereitung Rehmedaillons:

Den Backofen auf möglichst genau 80 Grad C vorheizen. Das Rehrückenfilet in etwa daumendicke, etwa gleichgroße Medaillons schneiden. Salzen, pfeffern und in der Pfanne in aufschäumender Butter von jeder Seite 2 Minuten braten, sofort danach fest in Alufolie einpacken und im Backofen ruhen lassen.

Zubereitung Spätzle:

Alle Zutaten zugleich zusammenarbeiten und zu einem glatten Teig schlagen. In kleinen Mengen den Spätzleteig auf ein angefeuchtetes Brett geben und feine Streifen in kochendes Salzwasser abstreichen. Sobald die Spätzle gekocht sind, mit kaltem Wasser abschrecken und in ein Sieb, in dem sie gut abtropfen können, geben.

Zubereitung Wirsing:

Wirsing in feine Streifen schneiden und in kochendem, leicht gesalzenem Wasser kurz blanchieren, danach kalt abschrecken. Gemüsewürfel in Butter anschwitzen, Rinderbrühe, Sahne und Crème fraîche und die Wirsingstreifen dazugeben und kurz reduzieren. Spätzle beigeben und mit Salz, Muskat und etwas geriebenen Käse abschmecken.

Fertigstellung:

Für die Sauce das überschüssige Bratfett aus der Pfanne wegschütten, mit Cassislikör ablöschen, den Bratensatz lösen und mit dem Fond auffüllen. Sehr schnell bei großer Hitze auf die Hälfte einkochen. Mit Salz und Pfeffer würzen, kalte Butter (oder eventuell wenig Speisestärke) zur Bindung einarbeiten.
Die Wirsingspätzle auf vorgewärmte Teller geben, die Rehmedaillons daraufsetzen, mit Sauce nappieren und einen Birnenfächer an die Seite legen (Birnen in schmale Segmente schneiden und kurz in Butter braten).

Weinempfehlung:

Spätburgunder Rotwein.

Schweinefilet in der Kerbelsauce mit Steinpilznudeln

Johann Lafer

Kerbel ist ein tolles Kraut. Aber das ist nicht der einzige Knüller an dem Rezept von Johann Lafer. Die Beilage hat's in sich - getrocknete Steinpilze! Zu Nudeln nimmt man ja normalerweise Mehl, Eier und Salz. Der Trick vom Chefkoch aus Guldental, aus den einfachen Nudeln eine ganz besondere Leckerei zu machen, ist denkbar einfach: Getrocknete Steinpilze werden auf einer feinen Reibe zerrieben und anschließend mit dem Teig für die Nudeln verknetet. Die getrockneten Steinpilze werden übrigens schon lange in den Lebensmittelabteilungen der meisten Kaufhäuser angeboten und haben fast alle eine durchschnittlich hohe Qualität. Wetten? - Wenn Sie mit diesen Nudeln Ihre Gäste überraschen, werden Sie ganz bestimmt gefragt: "Jetzt sag mal, wie hast Du das gemacht?"

Für 4 Personen

Zutaten Schweinefilet:

ca. 700-800 g Schweinefilet
30 g Distelöl
Salz, Pfeffer a.d. Mühle

Zutaten Kerbelkruste:

10 g milder Senf
3 EL gehackter Kerbel
2 EL geriebenes Weißbrot ohne Rinde

Zutaten Steinpilznudeln:

75 g Mehl
35 g Grieß
20 g getrocknete Steinpilze, in einer Moulinette zu feinem Mehl gemahlen
2 Eigelbe
1 Ei
Salz, Pfeffer, Muskat
30 g feingehackte Schalotten
70 ml Geflügelbrühe
80 g flüssige Sahne
1 EL Kerbel
Salz, Pfeffer
1-2 EL geschlagene Sahne
1/2 Handvoll Kerbel

Zubereitung Filet:

Filet häuten und mit Salz und Pfeffer würzen.
In der Pfanne Distelöl heiß werden lassen und das Filet von allen Seiten gut anbraten. Dann für ca. 10 - 12 Minuten bei 200 Grad C in den Backofen schieben. Öfter umdrehen.
Die Pfanne aus der Röhre nehmen und das Fleisch darin noch ca. 3 Minuten garziehen lassen. Danach das Fleisch auf einen Teller legen und die Pfanne mit dem Bratensatz zur Seite stellen.
Die Oberseite des Filets mit Senf bestreichen. Kerbel und Brösel mischen und auf den Senf streuen. Fest andrücken. Das Filet im Backofengrill überbacken, bis eine goldbraune Kruste entsteht.

Zubereitung Steinpilznudeln:

Alle Zutaten für die Nudeln (einschließlich der Gewürze) in eine Schüssel geben und mit der Küchenmaschine zu einem festen Teig verkneten. In Klarsichtfolie packen und für ca. eine Stunde in den Kühlschrank legen.
Danach dünn ausrollen und Bandnudeln schneiden. Die Nudeln ca. 1 - 2 Minuten in Salzwasser kochen, so, daß sie noch "Biß" haben. Sofort kalt abspülen.
In der beiseite gestellten Pfanne die Schalotten anschwitzen, mit Geflügelbrühe und Sahne auffüllen und dickflüssig einkochen lassen. Gehackten Kerbel und die abgetropften Nudeln beigeben.
Mit Salz und Pfeffer abschmecken und die geschlagene Sahne vorsichtig unterrühren.
Beim Anrichten mit Kerbel ausgarnieren.

Weinempfehlung:

Spätburgunder Weißherbst, trocken.

REHRÜCKENFILET MIT WALDPILZKRUSTE

Harald Wohlfahrt

Bei Wild gilt dieselbe Grundregel wie bei allem anderen Fleisch: Jung schmeckt am besten, das Fleisch muß abhängen, aber nicht zu lange. Der Begriff "Haut Gout", also die französische Bezeichnung für sehr reifes oder auch überreifes Fleisch, gehört eigentlich in die Zeit verbannt, als man noch keine vernünftigen Kühlhäuser und -Schränke hatte. Bestellen Sie in Ihrer Wildhandlung oder direkt beim Jäger oder Förster frisches, heimisches Wild. Bestellen Sie ruhig ein ganzes Tier. Denn die knapp zehn oder elf Kilo, die ein Reh ohne Fell wiegt, kann man unter Freunden und Bekannten aufteilen - zur Not aber auch einfrieren. Von allen Wildarten eignen sich Reh und Hirsch am besten zum Einfrieren, weil sie nicht soviel an Saft verlieren. Auf jeden Fall sollte die Fleischfarbe hellrot sein und das Fleisch frisch duften, und auf keinen Fall darf das Stück zu lange abgehangen sein.

Für 4 Personen

Zutaten Waldpilzkruste:

150 g Pfifferlinge
150 g feingeschnittener Kerbel
50 g Butter
1 Schalotte
Salz und Pfeffer a.d. Mühle

Zutaten Rehrücken:

2 Stück Rehkarree à 350 g (von sämtlichen Häuten und Sehnen befreit)
etwas Erdnußöl
50 g Weißbrot (ohne Kruste), fein gerieben
50 g Butter
Gewürzmischung
Pfeffer a.d. Mühle

Zutaten Sauce:

Wildfond, Rezept s. Seite 116
1 dl Madeira
1 dl Porto
50 g Gänseleberterrine
1/2 Mokkatasse Reh- od. Schweinsblut, frisch
Pfeffer, Gewürzsalz
1 dl Cognac

Zubereitung Waldpilzkruste:

Die Pilze sehr gut putzen. Dann in sehr feine Würfel schneiden. Die Butter in einer Pfanne aufschäumen, und die sehr fein geschnittene Schalotte darin anziehen lassen. Die Pilze dazugeben und sehr rasch erwärmen. Alles mit Salz und Pfeffer würzen. Feingeschnittenen Kerbel zum Schluß unterziehen und alles für den Weitergebrauch bereitstellen.

Zubereitung Rehrücken:

Das Fleisch mit der Gewürzmischung und dem Pfeffer einreiben und in den auf 220 Grad C vorgeheizten Backofen schieben. In ca. 6 - 8 Minuten "bleu" bis "medium" braten. Das Fleisch aus der Pfanne nehmen und im 80 Grad C warmen Ofen für etwa 10 Minuten ruhen lassen.
Das Fleisch nun mit der Pilzmasse an der Oberseite bestreichen. Locker Weißbrotkrümel darüberstreuen und einige Butterflocken auf diese Schicht setzen. Das Ganze kommt nun in den auf 250 Grad C vorgeheizten Ofen und wird dort in ca. 5 Minuten schön goldbraun gebacken.

Zubereitung Sauce:

Das Bratfett aus der Pfanne abgießen und mit Madeira und Porto den Bratensatz auflösen. Auf "à sec", also bis auf einen Eßlöffel Volumen, reduzieren lassen. Den Rehfond dazufüllen und alles zum Köcheln bringen. Solange reduzieren, bis die Saucenbasis eine angenehm bindende, aber nicht zu feste Konsistenz hat.
Erst ganz zum Schluß die in Würfel geschnittene Gänseleberterrine unter die Sauce rühren. Das Blut unter heftigem Schlagen unter die Sauce schwingen. Nun die Sauce durch ein feines Sieb passieren und mit Pfeffer, dem

Bitte umblättern

Cognac und etwas Gewürzsalz abschmecken.
Als Beilage empfehle ich Gemüse der Saison, Kartoffelplätzchen und einen Steinpilzfächer.

Weinempfehlung:

Badischer Spätburgunder, trocken, Spätlese oder Auslese.

NOVEMBER

Gigot vom Wildkaninchen, Preiselbeersauce und frische Nudeln

Albert Bouley

Was nicht alles Hase genannt wird in der deutschen Küche! Der richtige Hase allerdings läuft ausschließlich frei herum, ist also wild, hat einen braunen Balg mit weißer Unterwolle und lange Löffel (Ohren) mit schwarzen Spitzen. Die sogenannten "Stallhasen" gehören zu der Familie der Kaninchen. Das sieht man schon am Fleisch, das sehr viel heller ist als das des Wildhasen; das ist nämlich rötlichbraun, grobfaseriger und duftet nach Wild. Außerdem haben die zahmen Mümmelmänner kürzere Löffel. Der dritte "Hase" in der Umgangssprache ist das Wildkaninchen. Das ist mausgrau bis graubraun, hat graue Unterwolle und kurze Löffel, ist viel kleiner als die meisten Hauskaninchen und hat rosafarbenes Fleisch. Wildkaninchen sind sehr schmackhaft. Angst vor der sogenannten Myxomatose, einer Kaninchenseuche, braucht man als Verbraucher nicht zu haben. Die ersten Symptome dieser Krankheit sind so auffällig, daß selbst ein Laie sie bemerken würde. Außerdem ist die Krankheit für den Menschen völlig ungefährlich. Also: Ein makelloses Wildkaninchen im Fell kaufen und vom Metzger herrichten lassen - das tut er sicher gern, wenn Sie bei ihm Stammkunde sind.

Für 4 Personen

Zutaten Sauce:

kleingehackte Knochen
etwas Öl
1 Zwiebel
1 EL grüne Pfefferkörner
1 Wacholderbeere
1 kleines Lorbeerblatt
1 Zweig Thymian
1 Knoblauchzehe
0,4 l trockener Rotwein
etwas Speisestärke
1 Schuß Cognac
1 EL Wildpreiselbeeren
Salz und frisch gemahlener Pfeffer

Zutaten Kaninchenkeulen:

4 Wildkaninchenkeulen, Knochen auslösen und hacken lassen
Butter zum Braten
0,2 l Hasen- oder Wildfond

Zutaten Nudeln:

300 - 400 g frischgemachte oder fertig gekaufte Nudeln (auch Spätzle passen sehr gut dazu)

Zubereitung:

Die Kaninchenkeulen vom Metzger auslösen, die Knochen kleinhacken lassen und mitnehmen - sie sind wichtig für die Sauce (wenn er noch Knochen von anderem Wild hat, ebenfalls kleinhacken lassen und mit verwenden). Die Wildknochen in etwas Öl mit der gehackten Zwiebel, den zerdrückten Pfefferkörnern, der gequetschten Wacholderbeere, dem Lorbeer, dem Thymian und dem Knoblauch schön dunkelbraun rösten.
Dann mit dem Rotwein ablöschen und die Sauce ein paar Minuten auf großer Flamme kräftig durchkochen - hierdurch verfliegt der Alkohol, das Weinaroma bleibt voll erhalten. Etwas reduzieren und die Sauce abpassieren, mit etwas Speisestärke binden.
Ein kleiner Schuß Cognac und die Preiselbeeren dazu, mit Salz und Pfeffer abschmecken, die Sauce warmhalten.
Die mit Salz und Pfeffer gewürzten Kaninchenkeulen im Schnellkochtopf in Butter von allen Seiten leicht bräunen, mit dem Wildfond auffüllen, den Deckel schließen und unter Druck 9 -12 Minuten (je nach Dicke der Keulen) weichgaren. Das Kaninchenfleisch ausheben und warmstellen.
Schnell die Nudeln garen, im Sieb abbrausen und in heißer Butter schwenken.
Pro Person eine Keule auf dem Teller anrichten, mit Sauce umgießen und die Nudeln dazugeben. Beliebig garnieren.

Weinempfehlung:

Ein trockener Spätburgunder Rotwein, Barrique-Ausbau (Wein, der im Holzfaß gelagert hat).

Gefüllte Wachteln mit Trüffelsauce

Alfred Klink

Welcher Chefkoch gibt schon gern sein Lieblingsgericht preis? Alfred Klink hat da keine Hemmungen. Außerdem ist ja hinreichend bekannt, daß er Geflügel schätzt und von allem, was Federn hat, frische Wachteln am höchsten im Kurs stehen. Wachteln werden heute übrigens gezüchtet. Und obwohl das bei anderen Zucht-Vögeln fast nie gelingt - erstaunlicherweise behält dieser Vogel, auch wenn er aus der Zuchtvoliere kommt, seinen natürlichen Eigengeschmack. Das kommt natürlich dem Verbraucher zugute. Was früher eine sehr teure und rare Delikatesse war, ist heute auch für das nicht ganz so dicke Portemonnaie erschwinglich. Wachteln werden fertig gerupft und ausgenommen angeboten. Ganz wichtig: Lassen Sie die Wachteln vom Händler auslösen, das heißt, das Gerippe muß vor dem Zubereiten entfernt sein. Bei den Zutaten ist übrigens auch frische Gänseleber erwähnt. Wenn Sie darauf verzichten möchten, tut es andere, frische Geflügelleber zur Not auch.

Für 4 Personen

Zutaten Gefüllte Wachteln:

4 Wachteln à 250 g
40 g geröstete Weißbrotwürfel
40 g rohe Weißbrotwürfel
30 g kurz angebratene Gänseleberwürfel
30 g Geflügelleberwürfel
20 g Apfelwürfel
1 Ei
1 Eigelb
1 TL Petersilie
Salz, Pfeffer, Muskat, Thymian
20 g Butter

Zutaten Trüffelsauce:

1 eingelegte Trüffel, ca. 30 g
1/4 l Geflügelfond
2 cl roter Portwein
2 cl Madeira
Salz und Pfeffer
etwas eiskalte Butter

Zubereitung Wachteln:

Die Wachteln hohl auslösen. Weißbrotwürfel, angebratene Gänseleber und Geflügelleberwürfel, Apfelwürfel, die Eier, Petersilie und die Gewürze beigeben. Die Wachteln würzen und mit der Masse füllen. In die ursprüngliche Form bringen.
Alufolienstücke leicht einbuttern und darin die Wachteln einpacken, bzw. einrollen. Im Backofen bei einer Temperatur von 250 Grad C 8 - 10 Minuten garen.
Nach dieser Zeit die eingepackten Wachteln aus dem Backofen nehmen, die Alufolie abnehmen und die Wachteln in Thymianbutter nachbraten.

Zubereitung Trüffelsauce:

Kaufen Sie im Feinkostgeschäft eine eingelegte Trüffel. Die Trüffel herausnehmen, das Trüffelwasser auffangen und aufheben. Den Geflügelfond in einer Pfanne erhitzen, den Portwein, den Madeira und das Trüffelwasser dazugeben und auf die Hälfte reduzieren. Danach mit Salz und Pfeffer abschmecken, die sehr feingehackten Trüffel dazugeben (ein paar Trüffelspäne zum Garnieren übriglassen) und die Sauce mit ein paar eiskalten, schnell eingerührten Butterflocken binden.
Zum Anrichten einen Spiegel aus der Trüffelsauce auf die sehr gut vorgewärmten Teller geben, die Wachteln daraufsetzen und mit ein paar Trüffelspänen garnieren.
Als Beilagen empfehlen sich Lauchgemüse oder Petersilienpüree und gebratene Austernpilze.

Weinempfehlung:

Weißherbst, Spätlese; Badisch Rotgold, Spätlese; Grauburgunder, Spätlese; vor allem reife Spätburgunder, Spätlese, trocken.

GEWÜRZTRAMINERCREME MIT CASSISBIRNE

Johann Lafer

Was für die französischen Köche der Sauternes ist (ein süßer Dessertwein aus dem Bordeaux), das ist für die deutschen Köche der Gewürztraminer. Er hat ein unglaublich duftiges, reiches Aroma - man könnte schon fast von Parfümduft sprechen. Deshalb eignet sich dieser Wein nicht nur zur Herstellung und geschmacklichen Abrundung von Saucen, sondern gerade auch als Begleiter für Desserts, zum Beispiel paßt er sehr gut zu Obstkuchen.
Der Gewürztraminer ist für Cremes der Lieblingswein von Chefkoch Johann Lafer. Das hat seinen Grund. Denn wenn diese Creme fertig ist - mit verschlagenem Ei, Zucker, Gewürzen - dann bleibt der Grundton des Weines trotzdem erhalten und schmeckt sehr aromatisch durch. Es gibt sicher viele Weincremes und noch mehr Rezepte - aber die Creme vom Gewürztraminer hat eine ganz eigene Note.

Für 6 Personen

Zutaten Teig:

2 Eier
60 g Zucker
Schale von einer 1/2 Zitrone
1 TL Vanillezucker
30 g Speisestärke
30 g Mehl

Zutaten Creme:

3 Eigelb
50 g Puderzucker
4 Blatt Gelatine
170 ml Gewürztraminer Auslese
1 EL Zitronensaft
1 Eiweiß
80 g geschlagene Sahne

Zutaten Cassisbirne:

600 ml schwarzer Johannisbeersaft, 150 g Zucker
1 EL schwarzes Johannisbeergelee
2 Gewürznelken
1/2 Zimtstange
Saft von 1/2 Orange
12 kleine Birnen, geschält
etwas Vanillesauce und frische Pfefferminze

Zubereitung Biskuitmasse:

Alle Zutaten für den Teig solange schaumig schlagen, bis die Masse weiß wird.
Speisestärke und Mehl durch ein Sieb daraufschütten und vorsichtig unterheben.
Ein Blech mit Backtrennpapier auslegen und die Masse gleichmäßig darauf verteilen, glattstreichen.
Im 200 Grad C heißen Backofen ca. 10 Minuten goldgelb backen, auskühlen lassen. Danach umdrehen, das Papier abziehen und aus dem Teig Kreise von 8 cm Durchmesser ausstechen. In Metallringe von 8 cm Durchmesser legen.

Zubereitung Gewürztraminercreme:

Die Eigelbe mit Puderzucker schaumig schlagen.
Gelatine, vorher in kaltem Wasser eingeweicht, im Gewürztraminer auflösen und mit Eigelb und Puderzucker glattrühren, Zitronensaft hinzufügen. Diese Masse im Tiefkühlfach anziehen lassen, danach wiederum glattrühren. Geschlagenes Eiweiß und danach die geschlagene Sahne vorsichtig unterheben. Die Creme auf den Biskuitkreisen in den Ringen verteilen und mit einem Löffel glattstreichen. Kühl stellen.

Zubereitung Cassisbirne:

Alle Zutaten, außer den Birnen mischen, aufkochen und zur Hälfte einkochen lassen.
Danach die Birnen beigeben und nochmals kurz aufkochen.
4 - 5 Stunden auskühlen lassen.
Zum Servieren die Biskuit-Creme aus den Ringen schneiden und auf die Teller legen.
Die Birnen aufschneiden und auf den Tellern mit ein wenig der reduzierten (durch ein Sieb gegossenen) Flüssigkeit verteilen. Zum Verzieren eignen sich Vanillesauce und frische Minze.

Weinempfehlung:

Gewürztraminer Auslese, gut gekühlt.

WILDFOND

Harald Wohlfart

Es ist kein Geheimnis: Ohne eine gute Knochenbrühe - den sogenannten Fond - gibt es keine leckere Sauce. Diese Fonds zu kochen, ist keine Hexerei: Man braucht dazu Knochen, ab besten Rückenknochen und die Parüren, das sind die Abschnitte und Sehnen, die Amateure bisweilen einfach wegwerfen, Gemüse, Kräuter und Gewürze. Wenn man Fond kocht, dann am besten in einem riesengroßen Topf. (Die Zubereitung kann aber auch, wie im Rezept von Harald Wohlfahrt, im Backofen erfolgen. Der Geschmack des Wildfonds wird so noch intensiver.) Wenn dieser Fond fertig ist, braucht man die Flüssigkeit nur noch zu entfetten, zu portionieren und im Tiefkühler einzufrieren. Dann ist jederzeit die Basis für eine tolle Sauce griffbereit. Manche Hausfrauen frieren sogar die Reste einer nicht ganz leergetrunkenen Flasche guten Rotweins ein - und haben jederzeit die Möglichkeit, ihre Saucen ruckzuck mit einem guten Schluck zu verfeinern. Für den Fond kaufen Sie beim Wildhändler Rückenknochen und eventuell auch Rippenstücke - rund 1,5 bis 2 Kilo sollten es schon sein.

Grundrezept

Zutaten:

Rückenknochen eines Rehs, kleingehackt
50 g Karotte, gewürfelt
50 g Stangensellerie, gewürfelt
50 g Zwiebelwürfel
100 g Champignonreste (Abschnitte, Stiele)
10 Wacholderbeeren
1 Zweiglein Thymian
1 Lorbeerblatt
2 Gewürznelken
2 EL Preiselbeeren
2 EL Tomatenpüree
etwas Öl
5 dl kräftiger Rotwein
0,5 dl Cognac

Zubereitung:

Die in kleine Stücke gehackten Knochen des Rehs in das heiße Öl einer Bratenschale einlegen und in den 220 Grad C heißen Backofen schieben.
Die Knochen im Ofen unter oftmaligem Wenden rundum anrösten.
Sämtliche Gemüsewürfel dazugeben und etwas anziehen lassen. Ganz leicht salzen.
Nun die Gewürze und das Tomatenpüree dazugeben und ebenfalls anziehen lassen.
Wenn sämtliche Beigaben eine braune Farbe bekommen (jedoch nicht anbrennen lassen!), alles mit dem Cognac und dem Rotwein ablöschen. Aufköcheln lassen, mit soviel Wasser auffüllen, daß die Knochen davon bedeckt sind.
Alles nun ca. 3 Stunden vor dem Kochen halten. Dabei stets mit einem Löffel abfetten und abschäumen. Eventuell, wenn sich die Flüssigkeit zu stark reduziert, etwas eiskaltes Wasser dazugießen.
Gegen Ende die verdunstete Flüssigkeit nicht mehr ersetzen. Den Rest durch ein Sieb abpassieren. Bis zum weiteren Gebrauch bereithalten, oder portionieren und einfrieren.

DEZEMBER

★ ★ ★

FORELLENRAHMSÜPPCHEN

Harald Wohlfahrt

Auch für die einfache Vorspeise ist ein kleines bißchen Organisation vorher notwendig. Das heißt, eigentlich ein oder zwei Telefonate mit Ihrem Fischhändler. Bestellen Sie tagesfrisch geräucherte Forellen, die wirklich an dem Tag, an dem Sie sie mit nach Hause nehmen, aus dem Räucherofen kommen (oder höchstens einen Tag vorher). Erst dann bekommt Ihre Vorspeise jenes delikate Aroma, das Chefkoch Harald Wohlfahrt meint. Es gibt nämlich auch vakuumverpackte Rauch-Forellen, meist schon filetiert, zu kaufen. Ich will nichts gegen die Qualität dieser Ware sagen. Aber es kann ja sein, daß sie schon eine oder zwei Wochen in der Kühltheke liegt und das Haltbarkeitsdatum noch lange nicht überschritten ist. Prinzipiell ist gegen Verwendung solcher fertig verpackten Räucher-Forellen überhaupt nichts einzuwenden - von Spitzenköchen werden sie allerdings selten benutzt. Den Unterschied kennt jeder, der schon mal eine vom Rauch noch lauwarme Forelle gegessen hat. - Diesen Geschmack kann man mit einem Fertigprodukt einfach nicht erreichen!

Für 4 Personen

Zutaten:

1-2 geräucherte Forellen (beim Einkauf Kopf und Gräten entfernen lassen; die Gräten mitnehmen)
1 geputzte Lauchstange
1 Stange Staudensellerie
1 kl. Bd. Dill
1 EL Butter
1 gewürfelte Zwiebel
1 Knoblauchzehe
0,3 l Weißwein (Riesling)
5 cl Noilly Prat
0,3 l Fischfond
1/2 l süße Sahne
2 EL geschlagene Sahne
2 Eigelb
100 g kalte Butter
etwas Zitronensaft
1 kl. Bd. Brunnenkresse, abgezupft
1 EL geröstete Mandelblättchen
Salz

Zubereitung:

Die geräucherten Forellenfilets in kleine Würfel schneiden und kühl stellen. Die Fischgräten zerhacken.
Das Weiße vom Lauch, die Selleriestange und den Dill feinschneiden.
Die zerhackten Fischgräten in einem Eßlöffel Butter andünsten; nicht bräunen.
Zwiebelwürfel, Gemüse und Knoblauchzehe kurz mitdünsten.
Mit Wein und Vermouth ablöschen und den Fischfond aufgießen. Aufkochen lassen und dabei den aufsteigenden Schaum abschöpfen.
Bei geringer Hitze ca. 20 Minuten köcheln lassen.
Durch ein mit einem Tuch ausgelegtes Sieb gießen und erneut aufkochen. Die Flüssigkeit auf ein Drittel einkochen lassen.
Die Sahne zugießen und kurz aufkochen.
Die geschlagene Sahne mit den Eigelben verrühren und die Suppe damit sämig binden. Dabei darf die Suppe nicht mehr kochen.
Nach und nach mit einem Schneebesen kalte Butterflöckchen unterschlagen.
Die Suppe mit wenig Salz und Zitronensaft abschmecken.
Die Forellenwürfel in vorgewärmte Suppenteller oder -tassen geben und mit der Suppe auffüllen. Mit Kresse und Mandelblättchen garniert servieren.

Weinempfehlung:

Ein trockener, gut gekühlter Riesling aus dem Rebland bei Baden-Baden.

Hirschmedaillons mit Petersilienwurzelgemüse

Alfred Klink

Die Petersilienwurzel ist in der deutschen Küche immer noch ein Exot - sie schmeckt sehr kräftig und aromatisch. In Bayern wird dieses Gemüse zum Beispiel gebraucht, um Fisch im Wurzelsud zu garen (Waller). Die Petersilienwurzel verfeinert Suppen und Brühen oder man kann sie zum Fond aus Kalbs- oder Wildknochen geben.
Die andere Seite dieser vielseitigen Wurzel kennen wenige: Petersilienwurzel als Gemüsebeilage. Sie läßt sich mit fast allen Wild-, Geflügel- und Fleischsorten kombinieren. Und: Dieses Gemüse macht relativ wenig Arbeit.

Für 4 Personen

Zutaten Hirschmedaillons:

700 g ausgelöster Rücken vom Hirsch (Hirschkalb ist die beste Qualität)
Butter zum Braten
2 cl Cognac
0,6 l Wildfond
kalte Butter für die Sauce
Salz, Pfeffer
Johannisbeergelee

Zutaten Petersilienwurzelgemüse:

350 g Petersilienwurzeln
1 Schalotte
20 g Butter
0,1 l Weißwein
Salz und Pfeffer
Blattpetersilie von den Wurzeln

Zubereitung Hirschmedaillons:

Den Backofen auf möglichst genau 80 Grad C vorheizen. Aus dem Rückenstück vier gleich große Medaillons schneiden, eventuell ein wenig flachdrücken, salzen, pfeffern. Auf jeder Seite in heißer Butter 2 bis 3 Minuten anbraten, danach das Fleisch in Alufolie einschlagen und im Ofen warmstellen. Das überschüssige Bratfett abgießen, den Bratensatz mit Cognac ablöschen und mit dem Fond auffüllen. Unter großer Hitze schnell auf die Hälfte reduzieren, mit Salz und Pfeffer würzen. Flöckchen von kalter Butter zur Bindung oder etwas Speisestärke einrühren. Eventuell den Geschmack der Sauce mit ein, zwei Teelöffeln Johannisbeergelee abrunden.
Die warmgestellten Hirschmedaillons auf die gut vorgewärmten Teller geben, mit Sauce nappieren. Zusammen mit dem Gemüse anrichten.

Zubereitung Petersilienwurzelgemüse:

Die Petersilienwurzeln schälen, von den gewaschenen Schalen einen Fond kochen. Die Schalotte zu Brunoise (siehe Seite 82) schneiden, in etwas Butter anschwitzen und die halbierten Petersilienwurzeln dazugeben, mit Weißwein ablöschen, würzen und mit dem Fond begießen. Im vorgeheizten Backofen bei 180 Grad C abgedeckt ca. 20 Minuten schmoren.
Vor dem Anrichten mit der gehackten Blattpetersilie bestreuen.
Kartoffelplätzchen und Linsen ergänzen das Gericht: Die Linsen über Nacht einweichen, das Einweichwasser abschütten.
20 g Speckwürfel auslassen, eine gehackte Zwiebel darin anschwitzen, die Linsen zugeben und mit Rinderkraftbrühe angießen. 20 Minuten sanft köcheln.

Weinempfehlung:

Sylvaner, Spätlese, trocken;
Bacchus, Spätlese, trocken;
Kerner, Spätlese, trocken.

Mokka-Kardamom-Mousse auf Vanille-Spiegel

Albert Bouley

Kardamom ist ein exotisches Gewürz und wächst in den subtropischen Dschungeln. Angeblich wurde es schon 700 v. Chr. in Babylon angebaut. Das Gewürz ist eine wichtige Zutat bei vielen Likören und wird in Skandinavien und auch in Rußland sehr gerne zum Backen verwendet. Aber vielleicht hat Albert Bouley seine Liebe zu diesem Gewürz bei einem pechschwarzen Beduinenkaffee in Nordafrika entdeckt, wo die Araber die Kapseln der Kardamomsträucher in den Kaffeetopf stecken. Dieses Gewürz sollte man unbedingt in einem speziellen Gewürz- und Kräutergeschäft kaufen, denn bei den bereits gemahlenen Produkten ist das kräftige Aroma meistens schon verflogen. Kardamom ist ein recht teures Gewürz. Kaufen sie deshalb die ganzen Samenkapseln und überprüfen Sie, indem Sie eine der Kapseln im Geschäft zwischen den Fingern zerdrücken, ob der Samen noch nicht völlig ausgetrocknet ist und noch ein intensives Aroma hat. Der Geschmack des Gewürzes erinnert ein bißchen an Eukalyptus.

Für 4 Personen

Zutaten Mokka-Kardamom-Mousse:

1 Eigelb, 70 g Zucker
2 g Kardamom-Pulver
2 cl Mokka-Likör
2 cl Bailey's Cream
2 Blatt Gelatine
0,3 l Kaffee
100 g Kuvertüre
250 g geschlagene Sahne

Zutaten Vanille-Spiegel:

1 Vanilleschote
1 EL Zucker
1/4 l Milch
1 Eigelb

Zutaten Plunderblätter:

50 g Plunderteig, fertig gekauft

Zubereitung Mokka-Kardamom-Mousse:

Für die Mousse das Eigelb mit 20 Gramm Zucker schaumig schlagen, das Kardamom-Pulver dazugeben, mit den beiden Likören aromatisieren. Zwei Blatt Gelatine in etwas kaltem Wasser einweichen. 0,3 Liter Kaffee kochen und anschließend mit 50 Gramm Zucker auf die Hälfte einkochen lassen. In dieser Kaffee-Reduktion die Kuvertüre auflösen und die Gelatine dazugeben. Jetzt die Mischung aus Ei, Kardamom und Likör einarbeiten, danach eventuell ein bißchen abkühlen lassen. Die Sahne schlagen und unterheben. Die fertige Mousse in Portionsförmchen verteilen und im Kühlschrank gut durchkühlen lassen.

Zubereitung Vanille-Spiegel:

Für die Sauce eine aufgeschlitzte Bourbon-Vanille-Schote zusammen mit dem Zucker in der Milch zum Kochen bringen und danach etwas ziehenlassen. Die Milch absieben.
Mit dem Schneebesen ein Eigelb in die etwas abgekühlte Vanillesauce einarbeiten.

Zubereitung Plunderblätter:

Backofen auf 180 Grad C vorheizen.
Den fertigen Plunderteig sehr dünn ausrollen, hübsche tortenförmige Ecken ausstechen und im vorgeheizten Backofen ausbacken. Danach mit Puderzucker bestäuben und bereitstellen.
Zum Anrichten die Vanillesauce zu einem Spiegel auf die Teller gießen, vorsichtig die Mousses aus den Förmchen auf die Teller stürzen, mit frischen Saisonfrüchten und den Plunderteigstücken garnieren.

Weinempfehlung:

Clevner Auslese oder Beerenauslese, gut gekühlt.

Glasierte, gefüllte Ente mit roter Bete und glasierten Maronen

Johann Lafer

An Weihnachten oder zu Sylvester/Neujahr mußt ja nicht immer eine Gans im Ofen sein. Deshalb bietet Johann Lafer eine Alternative zum Gänsebraten (der zudem ja auch relativ fett und schwerverdaulich ist)! Auch hier entscheidet die Auswahl des Geflügels über das Gelingen des Weihnachtsbratens. Kaufen Sie eine schöne Ente, am besten Freilandgeflügel. Fragen Sie auf dem Markt oder bestellen Sie Ihr Fleisch beim Geflügelhändler. Für dieses Rezept eignet sich auch eine Flugente, das ist eine Kreuzung zwischen Haus- und Wildente. Falls Sie sehr junge Tiere bekommen, rechnen Sie eine für zwei Personen. Bekommen Sie ein schweres Tier mit mehr als 1,6 Kilogramm, dann müßte eine Ente für drei bis höchstens vier Personen ausreichen.
Der Knüller an diesem Rezept ist die Füllung und eine Art Glasur, die fantastisch schmeckt und auch noch wunderbar aussieht.

Für 4 Personen

Zutaten:

1 Ente (ca. 2 kg, möglichst aus Freilandhaltung)
Salz, Pfeffer a.d. Mühle

Zutaten Füllung:

2 Äpfel
175 g Zwiebeln
80 g Weißbrot ohne Rinde
20 g Butter
1/2 TL Majoran
150 g geschälte Maronen (gegart und geschält)
Salz, Pfeffer, Muskat
1 EL gehackte Petersilie
1 Ei
3-4 EL Öl
1/4 l Wasser

Zutaten Lack:

50 g Zucker
3 dl roter Portwein
Prise Ingwerpulver
Messerspitze Cayenne-Pfeffer

Zutaten Rote-Bete-Gemüse:

50 g Butter
2 Zwiebeln, 1 Knoblauchzehe
1 kg Rote Bete
Salz
1-2 EL Zucker
1/2 EL Korianderpulver
2 Lorbeerblätter
1/4 l Rotwein, 2-3 EL Essig
2 TL Meerrettich, gerieben

Zutaten glasierte Maronen:

50 g Zucker
2 cl Ahornsirup
20 g Butter
15 cl flüssige Sahne
200 g geschälte Maronen (in Salzwasser gegart)
1 cl Kirschwasser

Zubereitung:

Ente von Federrückständen befreien, Innereien entfernen. Das Tier gut auswaschen und trocknen. Innen und außen würzen.
Äpfel schälen, Kerngehäuse entfernen und die Früchte in große Würfel schneiden. Zwiebel schälen und mit dem Weißbrot ebenfalls großwürfelig schneiden.
Butter in einer Pfanne erhitzen, Zwiebel und Äpfel darin goldgelb anbraten. Majoran beigeben.
Die Mischung mit den Weißbrotwürfeln in eine Schüssel geben und vermengen. Maronen in Würfel schneiden und darunter mischen.
Mit Salz, Pfeffer und Muskat würzen. Gehackte Petersilie und das Ei beigeben und nochmals sehr gut vermengen. 15 Minuten ziehen lassen. Hiermit die Ente füllen.
Zum Verschließen der Ente sechs Holzzahnstocher waagerecht durch die Haut der Ente über der Öffnung stecken, damit keine Füllung austreten kann. Ein ausreichend großes Stück Küchengarn wie bei Schnürsenkeln, kreuzweise um die Holzstäbchen binden. Festziehen und mit einem Knoten verschließen.
Die Ente im heißen Öl von allen Seiten gut anbraten, danach für ca. 40 Minuten in

Bitte umblättern

den 180 Grad C heißen Backofen schieben. Zwischendurch immer wieder mit dem Bratenfett übergießen.
Nach 40 Minuten mit dem Wasser ablöschen und noch eine halbe Stunde in die Röhre schieben. Zwischendurch mit Bratenfett übergießen.
Wenn die Ente fertig ist, auf einen Grillrost mit Abtropfblech legen. Währenddessen kann man den "Lack" zubereiten.

Zubereitung Lack:

Zucker in die Pfanne geben und unter ständigem Rühren bei mittlerer Hitze schmelzen, dabei leicht bräunen. Mit Portwein ablöschen, Ingwer und Cayenne beigeben. Dick, wie Honig, einkochen lassen.
Damit nun die gefüllte Ente einpinseln und in den heißen Ofen (bei 200 Grad C) schieben, bis sie eine knusprige Haut hat.

Zubereitung Rote-Bete-Gemüse:

Butter heiß werden lassen, die gewürfelten Zwiebeln und den Knoblauch darin andünsten.
Geschälte und geraspelte, rohe Rote Bete dazugeben, mit Salz, Zucker und Koriander abschmecken, Lorbeerblätter dazugeben, mit Rotwein und Essig ablöschen.
Zugedeckt etwa eine Stunde dünsten. Nochmals abschmecken und Meerrettich unterrühren.

Zubereitung glasierte Maronen:

Den Zucker in einer Pfanne unter ständigem Rühren hellbraun werden lassen.
Mit Ahornsirup ablöschen und die Butter beigeben. Mit Sahne auffüllen und kurz einkochen lassen. Dann die Maronen beigeben, kurz mitdünsten und zum Schluß mit Kirschwasser verfeinern.

Tip:

Das Rote-Bete-Gemüse schmeckt noch besser, wenn es bereits am Vortag zubereitet und zum Servieren wieder erhitzt wird.
Zum Schälen der Knolle Einweghandschuhe anziehen, mit dem Schnitzelwerk das Handrührers raspeln.
Oder: Rote Bete schälen, auf der Aufschnittmaschine in Scheiben, dann in Stifte schneiden, (Brett vorher naß machen, so lassen sich Verfärbungen leicht entfernen).

Weinempfehlung:

Spätburgunder Rotwein.

Küchen-ABC

Blanchieren
abbrühen (entweder kalt aufgesetzt oder in sprudelnd kochendem Wasser)

Bouquet garni
Würz-Sträußchen von Kräutern und Gemüsen für Fonds

Brunoise
kleine Würfel, meist von Gemüsen, als Einlage für Suppen, Saucen oder Pasteten

Court-bouillon
Sud für Fische, Krusten- und Schalentiere

Crème double
Sahne mit doppeltem Fettgehalt

Crème fraîche
dicke, leicht säuerliche Sahne

Dressieren
1. in Form binden (z.B. Geflügel)
2. aufspritzen von Farcen oder Cremes

Farce
gewiegte oder pürierte Füllmasse

Flambieren
mit Alkohol übergießen u. abbrennen

Filieren/filetieren
das Filet herauslösen

Fond
Grundbrühe für Suppen oder Saucen

Glace
sirupartiger Fond (z.B. stark reduzierter Fleischsaft)

Glacieren
mit Glace überziehen - mit Gelee, Zuckerguß oder mit eigenem Saft überglänzen

Gratin
überkrustetes Gericht

Julienne
in schmale Stäbchen oder Streifen geschnittenes Gemüse

Jus
Bratensaft

Karamelisieren
mit Fett und Zucker anbräunen

Karkasse
Knochengerüst oder Grätengerüst

Kasserolle
Stieltopf

Legieren
binden von Saucen oder Suppen (meist mit Sahne oder Eigelb)

Marinieren
in Würzflüssigkeit einlegen

Maronen
1. Eßkastanien,
2. Waldpilze

Medaillon
rund geschnittene Fleischscheibe aus dem Filet

Mie de Pain
geriebene, frische Weißbrotkrume

Mirepoix
gewürfeltes Wurzelgemüse (Zwiebel, Sellerie, Karotte, Petersilienwurzel) zum Ansetzen und Würzen von Fonds

Montieren
Suppen oder Saucen mit kalten Butterflocken aufschlagen (unterziehen)

Mousseline
Soufflémasse oder andere feine Farce, mit geschlagener Sahne aufgezogen

Nappieren
mit Sauce überziehen

Parieren
säubern des Fleisches von Fett, Sehnen und Häuten

Parüren
Abschnitte, die beim Parieren entstehen

Plattieren
platt drücken (am besten zwischen Klarsichtfolie)

Pochieren
in siedender (nicht kochender) Flüssigkeit garziehen

Reduzieren
einkochen

Rose (aufschlagen zur)
Creme zu einer Festigkeit aufschlagen, bei der, bläst man hinein, eine Rosette oder Rose erscheint

Sabayon
warm aufgeschlagene Schaumsauce

Sautieren
bei starker Hitze anbraten

Schalotten
kleine, milde Zwiebelart

Tournieren
Gemüse in gefällige Form (Oliven, Rauten etc.) schneiden

Tranche
Scheibe

Tranchieren
aufschneiden

Tomates concassées
Würfel von gehäuteter, entkernter Tomate

Vinaigrette
Essig und Öl-Salatsauce, meist mit Kräutern aromatisiert

DIE STERNEKÖCHE

ALBERT BOULEY

ist trotz seines französisch klingenden Namens Vollblut-Schwabe. 1949 wurde er im Elternhaus in Ravensburg geboren. Nach der Fachhochschulreife begann er seine Lehrzeit am "Buchhorner Hof" in Friedrichshafen. Mit der Küchenmeisterprüfung und Absolvierung der Hotelfachschule - alles mit besten Noten - begann der rasante Aufstieg des phantasievollen Kochkünstlers und seines Restaurants "Waldhorn" in Ravensburg. Seine Philosophie ist schonendes Garen und Erhaltung des naturellen Geschmacks der verwendeten Produkte. Eine Vielzahl von Preisen und Auszeichnungen - zweimal Koch des Jahres - ist die Visitenkarte Albert Bouleys. In seinem Restaurant zu speisen, ist ein von Kritikern überschwenglich gefeiertes Erlebnis. Albert Bouley fühlt sich handwerklich in wohl jeder Küche der Welt zuhause - so groß ist sein Repertoire. Vor allem auch bei exotischen Gewürzen und Produkten scheint seine Ideenvielfalt unerschöpflich zu sein. Er wird im Restaurant-Guide du Monde zu den besten 300 Köchen der Welt gezählt.

Romantik-Hotel Restaurant "Waldhorn"
Marienplatz 15, 7980 Ravensburg
Tel. 0751/1 60 21. Ruhetag: Sonntag und Montagmittag.

ALFRED KLINK

hat kulinarische Sterne nach Freiburg im Breisgau geholt. Er wurde 1952 in Altensteig in Württemberg geboren, aber schon nach der Schule zog es ihn tiefer in den Schwarzwald. Seine Lehrzeit absolvierte er im Hotel "Grüner Wald" in Freudenstadt-Lauterbach. Einige Stationen seiner kulinarischen Wanderjahre als Jungkoch sind Zürich und St. Moritz, zuletzt der "Erbprinz" in Ettlingen, wo Alfred Klink zum stellvertretenden Küchenchef avancierte. Seit 1981 ist er Küchendirektor des "Colombi"-Hotels in Freiburg und seitdem ist das Restaurant für Gourmets aus aller Welt eine der ersten Adressen im südlichen Schwarzwald geworden.
Alfred Klink liebt die heimischen Produkte, die er in unglaublich vielen Variationen abwandelt und kombiniert. Französische und badische Küche gehen bei ihm eine hinreißende Liaison ein. Seine badische Küchenbrigade ist ein eingeschworenes, perfektes Team ohne Niveauschwankungen. Alfred Klink ist eines der ganz großen Talente Badens - das bescheinigt ihm jeder Restaurantführer.

Restaurant im Colombi-Hotel
Rotteckring 16 (Am Colombi-Park), 7800 Freiburg
Tel. 0761/2 10 60. Ruhetag: Im Sommer sonntags.

JOHANN LAFER

hat einen kleinen Fleck auf der Landkarte in der Provinz zu einem festen Begriff der kulinarischen Welt gemacht. Der kleine, zauberhaft gelegene Ort Guldental bei Bingen strahlt, seit Lafer im "Le Val d'Or" den Kochlöffel in die Hand genommen hat, weit über die Landesgrenzen von Rheinland-Pfalz hinaus. Der gebürtige Österreicher (1957 in Graz) lernte im Grazer "Gösser-Bräu", wie man mit Pfannen und Löffeln umgeht. Nach dem Wehrdienst zog es den wissensdurstigen Jungkoch nach Deutschland, wo er bei den renommiertesten Lehrherren Station machte: "Le Canard" Hamburg, "Schweizer Stuben" Wertheim, die "Aubergine" von Eckart Witzigmann in München und die Küche von Patrick Lenôtre in Paris. In dem kleinen, eleganten Restaurant zwischen den Rebhängen brennt Lafer allabendlich ein Feuerwerk neuer Ideen ab. Mit Witz und österreichischem Charme entlockt er seiner Küchenbrigade immer wieder absolute Höchstleistungen. Auch bei Johann Lafer sind sich aller Kritiker einig: Er gehört zur Nachwuchselite Deutschlands.

Silvia Buchholz-Lafer und Johann Lafer
Restaurant "Le Val d'Or"
Hauptstr. 3, 6531 Guldental
Tel. 06707/17 07. Ruhetage: Montag, von Dienstag bis Freitag mittags.

HARALD WOHLFAHRT

hat eine Blitzkarriere hinter sich. 1991 ernannte die Testequipe des Restaurantführers Gault-Millau den damals erst 36jährigen zum besten Koch des Jahres und damit zu einem der drei besten Köche Deutschlands. Wohlfahrt wurde in Loffenau bei Baden-Baden geboren und war schon während seiner Lehrzeit in "Mönchs Posthotel" mit großem Ehrgeiz auf die kulinarische Gastronomie fixiert. Unter anderem waren Eckart Witzigmann von "der Aubergine" in München und Alain Chapel im Lyonnais seine Lehrmeister - letzterer ist einer der berühmtesten Köche Frankreichs. 1980 legte Wohlfahrt die Prüfung zum Küchenmeister ab und übernahm in eigener Regie das Französische Restaurant "Schwarzwaldstube" der Traube in Tonbach. Harald Wohlfahrt ist ein Perfektionist, absolut geschmack- und stilsicher und in der Auswahl seiner Produkte auch nicht zu dem kleinsten Kompromiß bereit. Kritiker und Gäste sind gleichermaßen entzückt. Daß er schon jetzt zur Weltelite der Köche gehört, nimmt Harald Wohlfahrt bescheiden zur Kenntnis.

Restaurant "Schwarzwaldstube" im Kur- und Sporthotel Traube
Tonbachstr. 237, 7292 Baiersbronn
Tel. 07442/49 20. Ruhetage: Montag und Dienstag.

Rezepte von A bis Z

Die Vielfalt Badischer Rebsorten

Mit seinen ca. 15 000 ha Rebfläche und einem langjährigen Durchschnittsmostertrag von 1.1 Millionen Litern ist Baden das drittgrößte Weinbaugebiet der Bundesrepublik.

Es reicht am weitesten nach Süden und gehört als einziges in Deutschland zur Weinbauzone B der EG wie auch das Elsaß und die Loire.

Es gelten daher generell höhere Mindestanforderungen für Qualitäts- und Prädikatsweine.

Das Anbaugebiet erstreckt sich etwa 400 Kilometer lang vom Bodensee bis zur Badischen Bergstraße und zum Badischen Frankenland an der Tauber.

Den Grauburgunder/Ruländer (10,9 Prozent) findet man hauptsächlich am Kaiserstuhl, während Gutedel (8,6 Prozent) eine Spezialität des Markgräflerlandes ist.

Der Riesling (7,4 Prozent) ist vor allem in der Ortenau anzutreffen.

Daneben gibt es aber auch Silvaner, Weißen Burgunder, Traminer und an einigen Standorten auch Muskateller.

Unter den Rotweinsorten dominiert der Spätburgunder, der ca 20 % der Rebsortenpalette ausmacht.

GUTEDEL

Im Markgräflerland zuhause. Seine Weine sind geprägt von zartem, weinigem Aroma, einfachem und angenehmem Charakter, der begleitet ist von einer milden und dennoch anregenden Säure.
Paßt gut z.B. zu Leber oder mildem Käse.

MÜLLER-THURGAU

Eine Kreuzung der Sorten Riesling und Silvaner durch Prof.Dr. Müller aus dem schweizerischen Kanton Thurgau. Feinfruchtiges Muskataroma und jugendliche Frische bei milder bis rassiger Säure zeichnen diesen bekömmlichen Wein aus.
Paßt gut z.B. zu Kalbsbries.

RIESLING
(Klingelberger)

"Der König der Weißweine" lebt von seinem feinfruchtigen, über die Maßen nuancenreichen Bukett, seiner prickelnden Lebendigkeit und der rassigen, manchmal schon stahligen Säure.
Paßt gut z.B. zu Fisch und Meeresfrüchten.

SILVANER

Ein neutraler Wein, feinfruchtig, mit zartem Bukett und meist milder Säure.
Paßt gut z.B. zu Spargel.

RULÄNDER/ GRAUBURGUNDER
(Pinot gris)

Hauptanbauorte der wohl wärmsten Region Deutschlands, dem Kaiserstuhl. Ein kräftiger, körperreicher Wein mit würzigem Aroma.
Paßt gut z.B. zu Steaks oder Braten.

GRAUER BURGUNDER

werden die Weine aus der Ruländertraube dann genannt, wenn sie, alternativ zum klassischen Geschmacksbild, früher gelesen und durchgegoren trocken, mit viel Frucht und säurebetont vinifiziert werden.
Paßt gut z.B. zu Steaks, Braten, Geflügel, Gänse- und Entenleber.

WEISSER BURGUNDER

Die "rassige" Alternative zum Ruländer und Grauen Burgunder. Präsentiert ein duftiges, weiniges Aroma, eleganten bis kräftigen Körper und markante Säure.
Paßt gut z.B. zu Fisch, weißem Fleisch und Geflügel.

TRAMINER/ GEWÜRZTRAMINER

Das feine, in viele Nuancen gegliederte und würzige Bukett der Traminer (Clevner) erinnert stark an das der Gewürztraminer. Geschmacklich dominieren Reife und milde Säure.
Paßt gut z.B. zu Gänse-/Entenleber, Dessert, Käse.

SPÄTBURGUNDER WEISSHERBST

Roséfarben mit weichem Goldschimmer, so präsentieren sich die meisten Weißherbste. Sie sind kräftig im Geschmack und von kerniger, säurebetonter Art. Wird aus der Blauen Spätburgundertraube gekeltert und ausgebaut.
Paßt gut z.B. zu Wild, Geflügel, Lachs.

SPÄTBURGUNDER ROTWEIN

Leuchtend und rubinrot bis dunkelrot ist seine Farbe, reichhaltig und fruchtig sein Aroma, das an den Geruch reifer Brombeeren erinnert, und schmeckbar, aber noch feinherb sein Gerbstoffgehalt.
Paßt gut z.B. zu Wildgerichten und Lamm.

BADISCH ROTGOLD

Die Weine sind von rötlich-gelber bis hellroter Farbe, zeigen ein würziges Ruländer-Aroma und wirken im Geschmack ausgeglichen und abgerundet. Eine Traubenkomposition aus hellem Grauburgunder und Blauem Spätburgunder.
Paßt gut z.B. zu Wild und Geflügel.

AUXERROIS

Weiße Burgunder-Art, ausgeprägter im Bukett, vollmundiger.
Paßt gut z.B. zu Hummer, Krebsen usw.

KERNER

(Kreuzung von Trollinger und Riesling). Die "kernigen" charaktervollen Weine zeigen oft einen rieslingähnlichen Duft. Frisch und rassig.
Paßt gut z.B. zu Seefischen und mildem Käse.

MUSKATELLER

Die bukettreichsten Weine. Geschmacklich mit viel Eleganz und Rasse. Geringer Alkoholgehalt, feinfruchtige Säure.
Paßt gut z.B. zu Desserts.

NOBLING

Kreuzung zwischen der Silvaner- und Gutedelrebe. Fruchtig und körperreich, mit feinem Bukett.
Paßt gut z.B. zu Innereien und Süßwasserfischen.